오늘부터 한 줄 세르비아어

- 박새솔 지음 -

ECK Books

오늘부터
한 줄 세르비아어

초 판 인 쇄	2024년 02월 01일
지 은 이	박새솔
펴 낸 이	임승빈
편 집 책 임	정유항, 김하진
편 집 진 행	이승연
디 자 인	다원기획
마 케 팅	염경용, 이동민, 이서빈
펴 낸 곳	ECK북스
주 소	서울시 마포구 창전로2길 27 [04098]
대 표 전 화	02-733-9950
홈 페 이 지	www.eckbooks.kr
이 메 일	eck@eckedu.com
등 록 번 호	제 2020-000303호
등 록 일 자	2000. 2. 15
I S B N	979-11-6877-333-2
정 가	18,000원

머리말

·······························

해가 저물어 가는 오후 4시 30분을 조금 넘긴 시간이었습니다. 카페와 음식점들이 있는 거리에는 야외 테이블이 놓이고 어느새 들려오는 트럼펫과 색소폰 소리는 평화로운 세르비아의 저녁 풍경을 더욱 다채롭게 만들어 주었습니다. 하나둘 모여든 사람들은 와인을 마시며 저마다 그들만의 이야기로 웃음꽃을 피웠습니다. 아름다운 노을과 음악을 배경으로 한 사람들의 거리 풍경은 더없이 평화롭고 한 폭의 그림 같아서 한참을 넋 놓고 바라보던 것이 세르비아에 대한 저의 첫인상이었습니다.

세르비아인들의 따뜻함과 재미있고 다양한 세르비아 문화들이 잘 알려지지 않아서 항상 안타까운 마음이 컸습니다. 행복 문화가 바탕이 되어있는 세르비아를 알리기 위한 첫걸음으로『오늘부터 한 줄 세르비아어』를 집필하게 되었습니다.

『오늘부터 한 줄 세르비아어』는 단순히 언어만을 배우는 것이 아니라 세르비아의 다양한 문화와 역사도 함께 익히며 자연스럽게 세르비아의 매력을 느낄 수 있도록 구성하였습니다. **문법 내용은 최소화하고 실용적인 세르비아어 회화 실력을 키울 수 있도록, 사전적으로 올바르지 않은 단어라도 일상생활에서 대중적으로 널리 쓰이는 표현은 두루 익힐 수 있도록 반영했습니다.**

『오늘부터 한 줄 세르비아어』는 많은 분의 도움이 있었기에 가능했습니다. 특히, 세르비아어라는 특수어를 세상에 나아갈 수 있도록 지지와 도움을 주신 ECK교육 임승빈 대표님께 감사드립니다. 아울러 교재를 위해 끊임없이 고민하고 도와주신 이승연 실장님, 정유항 과장님과 관계자분들께도 감사의 인사를 드립니다. 더불어 세르비아어에 관한 조언을 아끼지 않고 해주신 김상일 선배님과 교재의 완성도를 높이기 위해 원어 검수에 도움을 주신 Dušanka Vujović 교수님께 감사의 마음을 전합니다. 마지막으로, 세르비아에 대한 고민을 하나하나 실현해 주시고 믿고 지지해 주신 부모님께 고마움을 표합니다.

저자 박새솔

추천서

··

최근 세르비아와 한국의 관계는 나날이 개선되고 있으며 주로 인적 교류에 기반을 두고 있습니다. 점점 더 많은 한국인들이 세르비아를 방문하고 체류하고 있으며, 세르비아인의 한국 방문에도 동일한 추세가 나타나고 있음을 기쁘게 말할 수 있습니다.

영화, 시리즈, 음악을 중심으로 한 매력적인 한국 대중문화는 전 세계를 압도하고 매료시켰으며, 세르비아도 예외가 아니라는 것은 놀라운 일이 아닙니다. K-콘텐츠의 영향으로 세르비아인과 한국인의 접촉이 빈번해지고 있는 가운데 안타깝게도 언어는 그렇지 못합니다.

세르비아어와 한국어는 완전히 다른 언어이며 의미적, 형태적 그리고 어휘적으로도 유사점을 찾기가 어렵습니다. 그럼에도 불구하고, 세르비아에서는 한국어를 가르치는 학교와 대학교의 수가 늘어나고 있으며, 한국인들 또한 세르비아어에 대한 관심이 꾸준히 증가하고 있는 것이 눈에 띕니다.

안타깝게도 한국에는 세르비아어를 배울 수 있는 최신 교재와 교구가 매우 부족하거나 존재하지 않는다는 문제에 직면하고 있습니다. 그런 의미에서『오늘부터 한 줄 세르비아어』는 큰 진전을 의미합니다!

『오늘부터 한 줄 세르비아어』는 내용, 색다른 방법론, 수많은 실용적인 팁과 사용 예가 포함되어 있어서 세르비아어를 상대적으로 쉽고 현실적으로 배울 수 있으며 초급자들에게 매우 이상적인 교재입니다.

저자 박새솔 씨는 한국에서 세르비아의 문화와 전통 및 풍습을 쉼 없이 알리며 10여 년 동안 세르비아어를 헌신적으로 공부해 온 한국 청년이자 '세르비아의 영혼'입니다. 그가 집필한 교재는 모든 추천과 지지의 말을 받을 자격이 있습니다. 나는 이 교재가 두 우호적인 국민들 사이에 더욱 안정적인 관계를 구축하려는 그의 노력에 대한 첫 번째 단계가 되기를 진심으로 바랍니다.

오스트리아의 위대한 철학자이자 논리학자인 루트비히 비트겐슈타인(Ludwig Wittgenstein)은 '내 언어의 한계가 내 세계의 한계이다'라고 말했습니다.『오늘부터 한 줄 세르비아어』는 그러한 언어의 경계를 허물며 지평을 넓히고 사람들을 연결하는 가치 있는 교재입니다.

네마냐 그르비치 (Nemanja Grbić)
주한세르비아 대사

추천서

....

저자로부터 추천서를 의뢰받고 한동안 망설였었습니다. 코로나19가 한창이었던 2020년 7월 말, 3년간의 근무를 마치고 세르비아를 떠나온 지 벌써 3년이라는 시간이 흘러 다른 국가에서 근무하고 있는 사람이 추천의 글을 써도 될까 많이 망설였습니다. 그러나, 코트라 무역관장으로 근무한 3년 동안 수많은 경제인과 사회 인사들을 만나면서 세르비아에 대한 정치, 경제, 사회, 문화에 대해 보다 깊게 이해하고 양국 간의 경제협력과 무역 증진을 위해 최선을 다했던 기억과 세르비아어 전공자 학생이면서 6개월 동안 인턴으로 같이 근무했던 저자의 세르비아어와 세르비아에 대한 사랑과 열정을 잘 알고 있기에 이렇게 추천의 글을 쓰게 되었습니다.

비록 세르비아가 한국에 많이 알려진 나라는 아니지만 이미 세르비아인들에게 한국은 전쟁을 딛고 일어나 세계 최고의 핸드폰, 가전제품, 자동차를 만드는 기술의 나라이며, K-Pop과 영화 '기생충', K-drama를 포함한 우수한 K-콘텐츠를 보유한 문화 선진국입니다. 특히, 주변의 열강들에 의해 고난의 역사를 되풀이했던 기억이 어딘가 한국과 많이 닮아있어 동질감을 느끼게 해주는 나라입니다.

이러한 상황을 반영하듯 2017년에 1.5억 달러에 불과하던 양국 교역액이 2021년 4.8억 달러로 5년 만에 3배가량 증가했으며, 최근 아나 브르나비치 세르비아 총리의 한국 방문을 계기로 한-세르비아 투자보장협정을 체결하는 등 경제협력이 증가하고 있으며 이와 함께 문화교류, 기술교류에도 큰 진전을 이루고 있습니다.

세르비아와의 교류가 점점 늘어남에 따라 예전보다 더 많은 한국인이 세르비아에 방문하고 있으며 마찬가지로 더 많은 세르비아인들이 한국에 방문하고 있습니다. 이렇듯 상호 간의 관심이 증대하고 있음에도 불구하고 그 나라의 언어인 세르비아어를 배울 수 있는 교재나 기회가 극히 부족하며, 그 언어의 특성상 한국어와 다른 점이 매우 많아 일반 사람들이 접근하기에 매우 어려운 것이 현실입니다. 그렇다 보니 양국의 교류가 증대되는 적절한 시기에 이 책이 출판된다는 것은 매우 반가운 소식입니다.

이 책은 다양한 상황에서 짧고 쉬운 문장으로 자연스럽게 회화가 될 수 있도록 실질적인 예문을 수록하여 어려운 세르비아어를 보다 쉽게 배울 수 있도록 하였습니다. 더군다나 새로운 국가와 언어를 배워가면서 누구나가 가질 수 있는 문화적 언어적 의문들을 재치 있게 Q&A 형식으로 풀어나감으로써 세르비아에 관심을 가지고 언어를 배우고자 하는 사람들에게 매우 큰 도움이 되는 입문서가 될 것입니다.

한 나라의 언어를 배우면 그 말은 그 사람의 가슴으로 통한다는 말이 있습니다. 이 책을 통해 우리나라가 세르비아인들에게 더 가까이 갈 수 있는 계기가 되어 앞으로 세르비아와 한국 간의 관계가 더욱 진전되기를 희망합니다.

이성기
대한무역투자진흥공사(KOTRA) 쿠알라룸푸르 무역관장

이 책의 구성과 특징

잠깐! 예비과

본 학습에 들어가기 전 기본적으로 알아야 할 세르비아어의 알파벳과 발음, 어순 등을 알아봅니다.

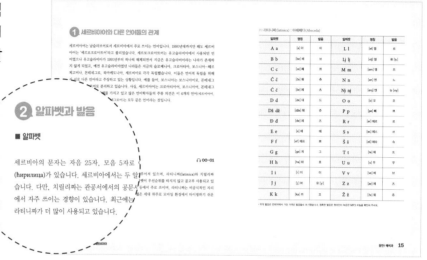

무조건 외우자!

세르비아어의 인칭대명사와 숫자 및 날짜와 요일 등을 알아봅니다. 미리 외워두면 세르비아어가 더욱 쉬워집니다.

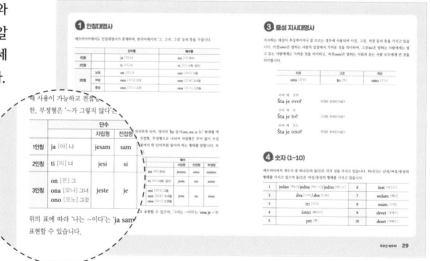

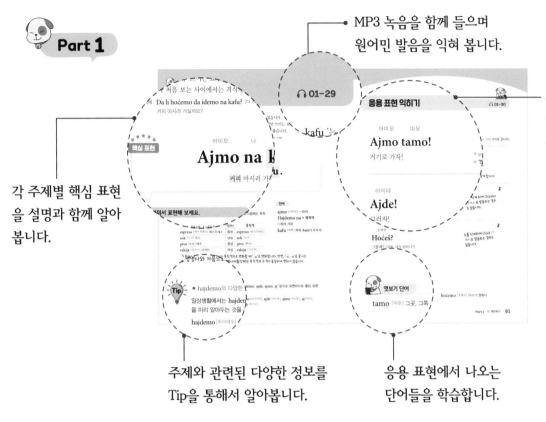

**MP3 녹음을 함께 들으며
원어민 발음을 익혀 봅니다.**

**주제와 관련된 다
양한 응용 표현들
을 익혀 봅니다.**

**각 주제별 핵심 표현
을 설명과 함께 알아
봅니다.**

**주제와 관련된 다양한 정보를
Tip을 통해서 알아봅니다.**

**응용 표현에서 나오는
단어들을 학습합니다.**

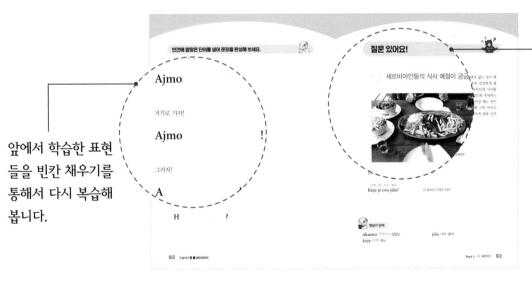

**세르비아어에 관한
다양한 궁금증을 풀
어보고 일상생활에
서 필요한 여러 가
지 정보들을 알아봅
니다.**

**앞에서 학습한 표현
들을 빈칸 채우기를
통해서 다시 복습해
봅니다.**

Part 2

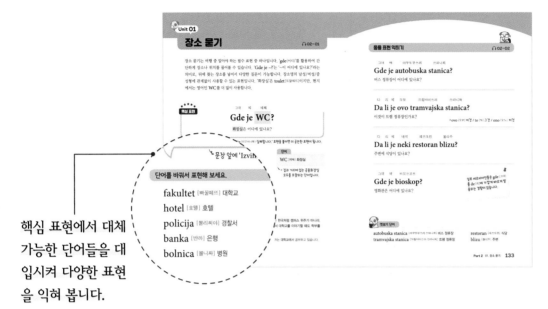

핵심 표현에서 대체 가능한 단어들을 대입시켜 다양한 표현을 익혀 봅니다.

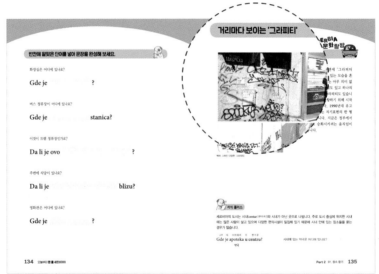

세르비아 문화를 이해할 수 있도록 한국과 다른 독특한 도로명 표지판과 대중교통 이용 등 세르비아 여행 시 알아두면 유용한 정보 등을 알아봅니다.

MP3 다운로드 방법

본 교재의 MP3 파일은 www.eckbooks.kr에서 무료로 다운로드 받을 수 있습니다.
QR 코드를 찍으면 다운로드 페이지로 이동합니다.

목 차

Part 1 필수 표현 익히기

Part 2 생활 표현 익히기

IDEMO!

잠깐!

예비과

AJDE!!

① 세르비아어와 다른 언어들의 관계

세르비아어는 남슬라브어로서 세르비아에서 주로 쓰이는 언어입니다. 1990년대까지만 해도 세르비아어는 '세르보크로아트어'라고 불리었습니다. 세르보크로아트어는 유고슬라비아에서 사용되던 언어였으나 유고슬라비아가 1991년부터 하나씩 해체되면서 지금은 유고슬라비아라는 나라가 존재하지 않게 되었고, 예전 유고슬라비아였던 나라들은 지금의 슬로베니아, 크로아티아, 보스니아-헤르체고비나, 몬테네그로, 북마케도니아, 세르비아로 각각 독립했습니다. 이들은 언어적 독립을 위해서 서로 다른 언어라고 주장하고 있는 상황입니다. 예를 들어, 보스니아는 보스니아어로, 몬테네그로는 몬테네그로어로 분리하고 있습니다. 사실, 세르비아어는 크로아티아어, 보스니아어, 몬테네그로어와 매우 밀접한 관계를 가지고 있고 많은 언어학자들의 주류 의견은 이 4개의 언어(세르비아어, 크로아티아어, 보스니아어, 몬테네그로어)는 모두 같은 언어라는 것입니다.

② 알파벳과 발음

■ 알파벳
🎧 00-01

세르비아의 문자는 자음 25자, 모음 5자로 이루어져 있으며, 라티니짜(latinica)와 치릴리짜(ћирилица)가 있습니다. 세르비아에서는 두 알파벳이 우선순위를 따지지 않고 골고루 사용되고 있습니다. 다만, 치릴리짜는 관공서에서의 공문서 등에서 주로 쓰이며, 라티니짜는 비공식적인 자리에서 자주 쓰이는 경향이 있습니다. 최근에는 젊은 세대 위주로 모바일 환경에서 타이핑하기 쉬운 라티니짜가 더 많이 사용되고 있습니다.

(1) **라티니짜**(latinica) ： **아베쩨다**(Abeceda)

알파벳	명칭	발음	알파벳	명칭	발음
A a	[a] 아	아	L l	[el] 엘	르
B b	[be] 베	브	Lj lj	[elj] 엘	류 [ly]
C c	[ce] 쩨	쯔	M m	[em] 엠	므
Č č	[če] 췌	츄	N n	[en] 엔	느
Ć ć	[će] 체	츠	Nj nj	[enj] 엔	뉴 [ny]
D d	[de] 데	드	O o	[o] 오	오
Dž dž	[dže] 줴	쥬	P p	[pe] 뻬	쁘
Đ đ	[đe] 제	즈	R r	[er] 에르	르
E e	[e] 에	에	S s	[es] 에스	쓰
F f	[ef] 에프	쁘	Š š	[eš] 에슈	슈
G g	[ge] 게	그	T t	[te] 떼	뜨
H h	[ha] 하	흐	U u	[u] 우	우
I i	[i] 이	이	V v	[ve] 베	브
J j	[j] 여	유 [y]	Z z	[ze] 제	즈
K k	[ka] 까	끄	Ž ž	[že] 줴	쥬

* 위의 발음은 한국어에서 가장 가까운 발음들로 표기했습니다. 정확한 발음은 원어민이 녹음한 **MP3** 파일을 확인해 주세요.

⑵ **치릴리짜**(ћирилица) : **아즈부까**(азбука)

치릴리짜는 라티니짜와 순서는 다르지만 발음은 같습니다. 단, 본문에서는 라티니짜만 다루기 때문에 치릴리짜의 발음은 생략합니다.

알파벳	명칭	알파벳	명칭
А а	[a]	Н н	[ne]
Б б	[be]	Њ њ	[nje]
В в	[ve]	О о	[o]
Г г	[ge]	П п	[pe]
Д д	[de]	Р р	[re]
Ђ ђ	[đe]	С с	[se]
Е е	[e]	Т т	[te]
Ж ж	[že]	Ћ ћ	[će]
З з	[ze]	У у	[u]
И и	[i]	Ф ф	[fe]
Ј ј	[je]	Х х	[he]
К к	[ke]	Ц ц	[ce]
Л л	[le]	Ч ч	[če]
Љ љ	[lje]	Џ џ	[dže]
М м	[me]	Ш ш	[še]

■ 발음

(1) 모음(5자)

세르비아어에는 5개의 모음이 있습니다. 세르비아어의 모음들은 한국어보다 더 뚜렷하고 강하게 발음되는 특성이 있습니다.

🎧 **00-02**

알파벳	명칭	발음	
A a	아	한국어의 [ㅏ] 발음이 납니다. Afrika [아프리카] 아프리카	aerodrom [아에로드롬] 공항
E e	에	한국어의 [ㅔ] 발음이 납니다. Evropa [에브로빠] 유럽	ekonomija [에꼬노미야] 경제
I i	이	한국어의 [ㅣ] 발음이 납니다. ideja [이데야] 생각	Indija [인디야] 인도
O o	오	한국어의 [ㅗ] 발음이 납니다. Opa! [오빠] 어머나!	otac [오따쯔] 아버지
U u	우	한국어의 [ㅜ] 발음이 납니다. ulaz [울라즈] 입구	uvod [우보드] 수입

(2) 자음(25자)

🎧 **00-03**

알파벳	명칭	발음	
B b	베	한국어의 [ㅂ] 발음이 납니다. banka [반까] 은행	brat [브라뜨] 형제
C c	쩨	한국어의 [ㅉ] 발음이 납니다. cena [쩨나] 가격	carinik [짜리니끄] 관세사
Č č	췌	한국어의 [ㅊ] 발음이 납니다. čokolada [쵸콜라다] 초콜릿	čas [촤쓰] 수업

Ć ć	체	한국어의 [ㅊ] 발음이 납니다. * Ć ć와는 다른 소리로 탄산 캔 음료를 열 때 나는 '치-' 소리와 비슷합니다. ćerka [체르까] 딸 ćuprija [츄쁘리야] 다리 (bridge)
D d	데	한국어의 [ㄷ] 발음이 납니다. Dunav [두나브] 두나브강 Dablin [다블린] 더블린 (아일랜드 수도)
Dž dž	줴	한국어의 [ㅈ] 발음이 납니다. džep [쥅] 주머니 Džujong [주영] 주영 (한국인 이름) * 한국인 이름을 발음할 때 된소리화하는 경향이 있지만, [ㅈ]은 된소리화되지 않습니다.
Đ đ	제	한국어의 [ㅈ] 발음에서 조금 더 얇은 소리가 납니다. Đenova [제노바] 제노바 Đoković [조코비치] 조코비치 (세르비아 성)
F f	에프	한국어의 [ㅃ] 발음이 납니다. film [삘름] 영화 Francuska [쁘란쭈쓰까] 프랑스
G g	게	한국어의 [ㄱ] 발음이 납니다. geografija [게오그라삐야] 지리 gitara [기따라] 기타
H h	하	한국어의 [ㅋ] + [ㅎ] 발음이 납니다. * 목 끝에서 긁어오는 ㅋ 발음과 함께 나오는 ㅎ 발음입니다. hemija [헤미야] 화학 haos [하오스] 혼돈
J j	이	한국어의 [y] 발음이 납니다. jogurt [요구르뜨] 요거트 Japan [야빤] 일본
K k	까	한국어의 [ㄲ], [ㅋ] 발음이 납니다. * 화자의 발음 성향, 출신, 문장 내에서의 악센트에 따라 [ㄲ] 또는 [ㅋ]으로 발음합니다. 본문에서는 [ㄲ] 발음 표기로 통일했습니다. kikiriki [끼끼리끼] 땅콩 klub [끌룹] 클럽
L l	엘	한국어의 [ㄹ] 발음이 납니다. Laos [라오스] 라오스 luk [루끄] 양파
Lj lj	엘	영어의 [ly] 발음이 납니다. ljubav [류바브] 사랑 Ljubljana [류블랴나] 류블랴나 (슬로베니아 수도)

M m	엠	한국어의 [ㅁ] 발음이 납니다. majonez [마요네즈] 마요네즈 Moskva [모쓰끄바] 모스크바
N n	엔	한국어의 [ㄴ] 발음이 납니다. novac [노바쯔] 돈 nož [노쥬] 칼
Nj nj	엔	영어의 [ny] 발음이 납니다. Njujork [뉴요르끄] 뉴욕 knjiga [끄니이가] 책
P p	뻬	한국어의 [ㅃ], [ㅍ] 발음이 납니다. * 화자의 발음 성향, 출신, 문장 내에서의 악센트에 따라 [ㅃ] 또는 [ㅍ]으로 발음합니다. 본문에서는 [ㅃ] 발음 표기로 통일했습니다. Pariz [빠리즈] 파리 paprika [빠쁘리까] 파프리카
R r	에르	한국어의 [ㄹ] 발음이 납니다. * 혀가 떨리는 소리가 나지만 단어의 첫 음절로 올 때는 거의 떨리지 않은 상태로 발음됩니다. Rusija [루씨야] 러시아 Rim [림] 로마
S s	에스	한국어의 [ㅆ] 발음이 납니다. Seul [쎄울] 서울 supa [쑤빠] 수프
Š š	에슈	한국어의 [ㅅ] + [ㅕ] 발음이 납니다. šef [셰쁘] 책임자, 보스 šareno [샤레노] 색상이 풍부한
T t	떼	한국어의 [ㄸ], [ㅌ] 발음이 납니다. * 화자의 발음 성향, 출신, 문장 내에서의 악센트에 따라 [ㄸ] 또는 [ㅌ]으로 발음합니다. 본문에서는 [ㄸ] 발음 표기로 통일했습니다. Tajland [따일란드] 태국 tamo [따모] 그곳, 그쪽
V v	베	한국어의 [ㅂ] 발음이 납니다. vuk [부끄] 늑대 Vijetnam [비예뜨남] 베트남 * Vuk [부끄]는 세르비아에서 흔한 이름 가운데 하나로서, 이름의 용법으로 쓰일 때는 항상 대문자 로 쓰입니다.
Z z	제	한국어의 [ㅈ] 발음이 납니다. zarez [자레즈] 쉼표 Zagreb [자그레브] 자그레브 (크로아티아 수도)
Ž ž	줴	한국어의 [ㅈ] + [ㅕ] 발음이 납니다. Ženeva [줴네바] 제네바 žena [줴나] 여자

③ 성 변화

세르비아어의 모든 명사는 성을 가지고 있습니다. 성은 각각 남성, 여성, 중성이 있습니다. 이들은 주로 단어의 끝에 오는 자음을 보고 판단할 수 있습니다. 일반적으로 남성 명사는 어미 없이 자음으로 끝나며, 여성 명사는 '-a'로 끝나고, 중성 명사는 '-o, -e'로 끝나는 특징이 있습니다.

성	어미
남성	(없음)
여성	-a
중성	-o, -e

④ 격 변화

 처음부터 격 변화의 변화 형태에 대해 너무 몰두하게 되면 세르비아어가 어렵게만 느껴져서 쉽게 포기하게 됩니다. 아래의 격변화 이외의 다른 예외도 충분히 존재하기 때문에 처음에는 격변화 형태에 너무 집중하지 않도록 예문과 함께 자연스럽게 익히는 것을 추천합니다.

세르비아어에는 총 7개의 격이 존재합니다. 격은 각각 주격, 목적격, 소유격 등이 있으며 격을 통하여 주어를 알 수 있습니다. 일반적으로 각 격의 어미는 아래처럼 변화합니다.

(1) **주격**

주격은 문장에서 단독으로 사용될 수 있는 독립된 격입니다. 주격은 전치사 없이 사용됩니다.

떼오도라　스빠바
Teodora spava.　　　테오도라는 잡니다.

성	단수	복수
남성	(없음)	-i
여성	-a	-e
중성	-o, -e	-a

(2) 소유격

소유격은 무언가의 소속이나 포함되는 것을 나타내거나 어떤 것의 기원 등을 뜻합니다. 소유격은 전치사 없이 쓰일 수도 있습니다. 한편, 'od[오드](~에서), osim[오씸](~를 빼고), iz[이즈](~에서)' 등의 특정 전치사 다음에는 명사를 소유격으로 변화하여 사용합니다.

떼오도라　예 이즈 쓰르비예
Teodora je iz Srbije.　　테오도라는 세르비아에서 왔습니다.

성	단수	복수
남성	-a	-a
여성	-e	-a
중성	-a	-a

(3) 여격

여격은 방향이나 목표를 나타내며 '~에게'라는 의미를 가집니다. 전치사 없이 쓰일 수 있는 특징을 가지고 있습니다. 한편, 'ka[까](~의 방향으로), blizu[블리주](~ 근처에)'와 같은 특정 전치사 다음에는 명사를 여격으로 변화하여 사용합니다.

떼오도라　이데　까　쩬뜨루
Teodora ide ka centru.　　테오도라는 시내 쪽으로 갑니다.

성	단수	복수
남성	-u	-ima
여성	-i	-ama
중성	-u	-ima

⑷ 목적격

목적격은 행위의 대상, 이동방향, 장소를 나타냅니다. 주로 목적격은 문장 내에서 목적어의 역할을 합니다.

떼오도라　에데　쑤뿌
Teodora jede supu.　　테오도라는 수프를 먹습니다.

성	단수		복수
	살아있는 형태 (사람, 동물 등)	죽어있는 형태 (건물, 물건 등)	
남성	-a	(없음)	-e
여성	-u		-e
중성	-a	(없음)	-e

⑸ 호격

호격은 무언가를 부를 때 사용합니다. 일상생활에서 사용할 때는 실제 문법과 다르게 사용되는 경우가 많습니다. 따라서, 호격은 격 형태를 외우기 보다 각 이름에 맞는 호격 형태를 따로 숙지하는 것이 좋습니다.

헤이　이바네
Hej, Ivane!　　야, 이반아!

성	단수	복수
남성	(자음), -i, -e, -u	-i
여성	-a-, -o, -i	-e, -i
중성	-e	-a

* 호격은 이외에도 다양한 예외가 있습니다.

⑹ 도구격

도구격은 어떠한 도구를 나타내는 데 사용됩니다. 전치사 없이 사용할 때는 '~으로'라는 뜻을 가지게 됩니다. 한편 'sa[싸](~와 함께), pred[쁘레드](~앞에)'와 같은 특정 전치사 다음에는 명사를 도구격으로 변화하여 활용합니다.

떼오도라 삐셰 뻬롬
Teodora piše perom.   테오도라는 펜으로 글을 씁니다.

성	단수	복수
남성	-om, -em	-ima
여성	-om	-ama
중성	-m	-ima

⑺ 장소격

장소격은 어떠한 장소를 나타낼 때 사용됩니다. 장소격은 항상 전치사와 사용되는데, 'u[우], na[나]'와 같은 전치사 뒤에 사용됩니다.

떼오도라 쓰빠바 우 쏘비
Teodora spava u sobi.   테오도라는 방에서 잡니다.

성	단수	복수
남성	-u	-ima
여성	-i	-ama
중성	-u	-ima

⑤ 기본 어순

세르비아어 문장의 어순은 기본적으로 「주어＋동사＋목적어(SVO)」를 형태로 하지만, 그 순서가 다른 언어들에 비해 자유롭습니다. 세르비아어의 모든 동사는 격을 가지고 있고 그 격을 통해 말하는 주체를 인식할 수 있기 때문입니다. 다만, 세르비아어에서는 문장 뒤에 있는 단어가 강조되는 특징이 있습니다.

> [한국어]　미하일로는　세르비아어를　말한다.
> 　　　　　　　주어　　　　목적어　　　동사

미하일로　　　고보리　　쓰릅쓰끼　예직
1. <u>Mihailo</u> **govori** <u>srpski jezik</u>.　　　　　미하일로는 세르비아어를 말한다.
　　주어　　　　동사　　　목적어

→ 미하일로가 바로 '세르비아어를' 한다는 것에 강조가 있는 표현

미하일로　　쓰릅쓰끼　예직　　고보리
2. <u>Mihailo</u> <u>srpski jezik</u> **govori**.　　　　　미하일로는 세르비아어를 말한다.
　　주어　　　　목적어　　　동사

→ 미하일로가 세르비아어로 '말을 한다'라는 것에 강조가 있는 표현

쓰릅쓰끼　예직　　고보리　　미하일로
3. <u>Srpski jezik</u> **govori** <u>Mihailo</u>.　　　　　미하일로는 세르비아어를 말한다.
　　목적어　　　　동사　　　주어

→ 세르비아어로 말하는 것을 '미하일로가' 한다는 것에 강조가 있는 표현

6 발음법

세르비아어 발음에는 2가지의 원칙이 있습니다.

1. 쓰인 대로 읽는다.
   거의 예외 없이 쓰인 대로 읽습니다.

2. 첫 음절을 올려서 말한다.
   세르비아어의 강세는 일반적으로 첫 음절에 위치하게 됩니다.

7 문장부호

세르비아어에서는 일반적으로 사용되는 문장부호가 동일합니다. 예를 들어서, 느낌표(!), 물음표 (?) 등의 문장부호는 세르비아어에서도 동일합니다. 다만, 인용을 표시할 때는 앞과 뒤의 쌍따옴표 를 다르게(„ ") 표기하는 방식으로 다른 나라와 차이가 있습니다.

따모　쎄 삐셰　　자브라녜노　　뿌셰녜
Tamo se piše „Zabranjeno pušenje".

거기에 '금연'이라고 쓰여있다.

IDEMO!

무조건

외우자!

AJDE!!

1 인칭대명사

세르비아어에서도 인칭대명사가 존재하며, 한국어에서의 '그, 그녀, 그것' 등의 뜻을 가집니다.

		단수형	복수형
1인칭		ja [야] 나	mi [미] 우리
2인칭		ti [띠] 너	vi [비] 너희, 당신
3인칭	남성	on [온] 그	oni [오니] 그들
	여성	ona [오나] 그녀	one [오네] 그녀들
	중성	ono [오노] 그것	ona [오나] 그것들

2 jesam 동사

jesam 동사는 인칭대명사나 주어 다음에 위치하게 되며, 영어의 'be 동사(am, are, is 등)' 현재형 역할을 하고 있습니다. jesam 동사는 자립형, 전접형, 부정형으로 나뉘며 자립형은 주어 없이 쓰일 때 사용이 가능하고 전접형은 항상 앞 단어에 붙여서 한 단어처럼 읽어야 하는 형태를 말합니다. 또한, 부정형은 '~가 그렇지 않다'는 뜻을 가집니다.

		단수				복수		
		자립형	전접형	부정형		자립형	전접형	부정형
1인칭	ja [야] 나	jesam	sam	nisam	mi [미] 우리	jesmo	smo	nismo
2인칭	ti [띠] 너	jesi	si	nisi	vi [비] 너희, 당신	jeste	ste	niste
3인칭	on [온] 그 ona [오나] 그녀 ono [오노] 그것	jeste	je	nije	oni [오니] 그들 one [오네] 그녀들 ona [오나] 그것들	jesu	su	nisu

위의 표에 따라 '나는 ~이다'는 'ja sam ~'으로 표현할 수 있으며, '그녀는 ~이다'는 'ona je ~'로 표현할 수 있습니다.

③ 중성 지시대명사

지시하는 대상이 추상적이거나 잘 모르는 경우에 사용되며 이것, 그것, 저것 등의 뜻을 가지고 있습니다. 이것(ovo)은 말하는 사람의 입장에서 가까운 것을 의미하며, 그것(to)은 말하는 사람에게는 멀고 듣는 사람에게는 가까운 것을 의미하고, 저것(ono)은 말하는 사람과 듣는 사람 모두에게 먼 것을 의미합니다.

이것	그것	저것
ovo [오보]	to [또]	ono [오노]

슈따 예 오보
Šta je ovo? 이것은 무엇인가요?

슈따 예 또
Šta je to? 그것은 무엇인가요?

슈따 예 오노
Šta je ono? 저것은 무엇인가요?

④ 숫자 (1~10)

세르비아어의 개수사 중 하나(1)와 둘(2)은 각각 성을 가지고 있습니다. 하나(1)는 남성/여성/중성의 형태를 가지고 있으며 둘(2)은 여성/중성의 형태를 가지고 있습니다.

1	jedan [예단] / jedna [예드나] / jedno [예드노]	6	šest [셰스뜨]
2	dva [드바] / dve [드베]	7	sedam [쎄담]
3	tri [뜨리]	8	osam [오쌈]
4	četiri [췌띠리]	9	devet [데베뜨]
5	pet [뻰]	10	deset [데쎄뜨]

5 달, 월

세르비아어에서 월은 소문자로 쓰입니다. 단, 문장의 맨 첫 번째에 위치할 경우에는 대문자로 쓰입니다.

1월	januar [야누아르]	7월	jul [율]
2월	februar [빼부르아르]	8월	avgust [아브구쓰뜨]
3월	mart [마르뜨]	9월	septembar [쎕템바르]
4월	april [아쁘릴]	10월	oktobar [옥또바르]
5월	maj [마이]	11월	novembar [노벰바르]
6월	jun [윤]	12월	decembar [데쩸바르]

율 볼림
Jul volim!

(나는) 7월이 좋다!

다 리 예 싸다 마이
Da li je sada maj?

지금은 5월인가요?

네 싸다 예 아쁘릴
Ne, sada je april.

아니요. 지금은 4월입니다.

 **요일**

세르비아어에서 요일은 소문자로 쓰입니다. 단, 문장의 맨 첫 번째에 위치할 경우에는 대문자로 쓰입니다.

월요일	ponedeljak [쁘네델랴끄]	금요일	petak [빼따끄]
화요일	utorak [우또라끄]	토요일	subota [쑤보따]
수요일	sreda [쓰레다]	일요일	nedelja [네델랴]
목요일	četvrtak [췌뜨브르따끄]		

쁘네델랴끄　예
Ponedeljak je.

월요일입니다.

꼬이　예　단　다나쓰
Koji je dan danas?

오늘은 무슨 요일인가요?

다나쓰　예　빼따끄
Danas je petak.

오늘은 금요일입니다.

IDEMO!

필수 표현 익히기

인사하기 1 (기본 표현)

🎧 01-01

세르비아인들은 모르는 사람에게도 친근하게 인사를 건넵니다. 세르비아인들이 인사를 건넸을 때 모른척한다면 상대방이 당황할 수 있습니다. 'Ćao.'는 시간에 관계없이 자유롭게 사용할 수 있는 비격식체 인사말이며, 초면이거나 존칭 및 격식을 차려야 할 때는 각각 다른 인사말을 사용합니다.

 핵심 표현

차오
Ćao.

안녕.

 Tip

1. 'Ćao.'는 [차오]보다 [챠오]에 가까운 발음입니다. [차]라고 발음하지 않도록 주의하세요. 세르비아어는 모음(a, e, i, o, u)을 크게 발음하는 경향이 있습니다. 입을 크게 벌려서 조금은 과장되게 발음하는 것이 자연스럽습니다.

2. 초면이라도 상대가 자신과 비슷한 또래일 때는 공식적인 자리가 아니라면 'Ćao!'라고 인사할 수 있습니다.

응용 표현 익히기

🎧 01-02

아침 인사 (격식체) :

도브로　　　유뜨로

Dobro jutro.

좋은 아침이에요. (= 안녕하세요.)　　　　　　　　※ 성(性) 변화 : 37p. 지식 플러스 참고

오후 인사 (격식체) :

도바르　　　단

Dobar dan.

좋은 오후예요. (= 안녕하세요.)

> 'Dobar dan'은 공식적인 자리에서의 일반적인 인사말이기도 합니다.

저녁 인사 (격식체) :

도브로　　　베췌

Dobro veče.

좋은 저녁이에요. (= 안녕하세요.)

잠자기 전 인사 :

라꾸　　　노치

Laku noć.

안녕히 주무세요.　　　　　　　　　　　　　　※ 관용표현 : 한 문장으로 외워보세요!

 엿보기 단어

dobar/dobra/dobro [도바르/도브라/도브로] 좋은
jutro [유뜨로] 아침

dan [단] 오후
veče [베췌] 저녁

빈칸에 알맞은 단어를 넣어 문장을 완성해 보세요.

안녕.

Ć   .

아침 인사 (격식체) : 좋은 아침이에요. (= 안녕하세요.)

Dobro   .

오후 인사 (격식체) : 좋은 오후예요. (= 안녕하세요.)

Dobar   .

저녁 인사 (격식체) : 좋은 저녁이에요. (= 안녕하세요.)

Dobro   .

잠자기 전 인사 : 안녕히 주무세요.

L   .

질문 있어요!

Q 아침, 오후, 저녁 인사의 시간 기준이 있나요?

보통 오전 11시 이전까지는 아침 인사를 쓰고, 11시 이후부터 오후 6시까지는 오후 인사, 그 이후부터는 저녁 인사를 쓰는 경향이 있습니다. 시간대별로 나뉘는 인사말에 익숙하지 않다면 시간과 상관없는 인사말을 쓰는 것을 추천합니다.

즈드라보
Zdravo.   안녕하세요.

➡ 'Zdravo.'에서 d와 a 사이에 있는 r을 발음할 때는 굳이 영어처럼 혀를 굴리지 않아도 됩니다. 세르비아어에서 자음 r은 다른 자음과 만나 발음할 때 그 떨림이 매우 약해져서 마치 한국어에서의 'ㄹ'을 발음하는 것처럼 발음되기 때문에 [즈드라보]라고 발음해도 세르비아인들이 이해하는데 어려움이 없습니다.

 지식 플러스

● 성(性) 변화

일반적으로 자음으로 끝나면 남성형, '-a'로 끝나면 여성형, '-o, -e'로 끝나면 중성형으로 분류합니다. 명사 앞에 형용사를 붙일 때, 여성명사 앞에는 여성명사, 중성명사 앞에는 중성형용사를 붙이는 식으로 성을 일치시켜줍니다. 예를 들어, dan이라는 명사는 뒤에 n이라는 자음이 붙으므로 남성명사입니다. 남성명사 앞에는 남성형용사를 붙여주므로 남성형용사인 dobar를 붙여서 'Dobar dan.'이라고 표현하게 됩니다.

끝 글자	성별
자음	남성형
-a	여성형
-o, -e	중성형

도바르   단
Dobar dan.   좋은 오후예요. (= 안녕하세요.)
남성명사

인사하기 2 (만났을 때)

🎧 01-03

세르비아인들은 안부를 자주 묻고 답하는 편입니다. 특히, 친한 사이 또는 오랜만에 만났을 때는 포옹이나 가벼운 키스를 하는 등 반가움의 표현을 적극적으로 하는 경향이 있습니다. 이때, 일부 세르비아인들은 'Gde si?'를 발음할 때 'De si?'[데씨]'로 줄여서 빠르게 발음하기도 합니다.

핵심 표현

그데 씨
Gde si?

오랜만이다! (직역: 너 어디야?)

단어

gde [그데] 어디 (장소)
si [씨] (네가) ~이다,
(네가) ~에 있다

Tip

● Gde si?의 상황별 쓰임

'Gde si?'는 직역하면 '너 어디야?'라는 뜻으로, 보통 약속을 잡거나 상대가 어디에 있는지 궁금할 때 사용합니다. 그러나 친구를 오랜만에 만났거나 반가운 상대를 만났을 때 '오랜만이다!'라는 의미로도 사용하기 때문에 상황에 따라 자유롭게 활용할 수 있는 표현입니다. 매우 친한 사이에서만 쓰이는 구어체에 해당하므로, 공식적인 자리 또는 처음 보는 관계에서는 결례가 될 수 있으므로 쓰임에 주의하세요.

미하일로 그데 씨
A: Mihailo, gde si?　　　　미하일로, 너 어디야?　　　　[위치 표현]

야 쌈 우 쩬뜨루
B: Ja sam u centru.　　　　나는 시내에 있어.

쌔쏠 그데 씨
Saesol! Gde si?　　　　새솔! 너 오랜만이다!　　　　[인사 표현]

응용 표현 익히기

🎧 01-04

까꼬 쓰떼
Kako ste?

어떻게 지내세요?

> 친한 사이라면 'Kako si?'
> 라고 표현할 수 있습니다.
>
> ※ 격식체

건네는 말 :

드라고 미 예
Drago mi je. ➡

만나서 반가워요.

받는 말 :

밀로 미 예
Milo mi je.

만나서 반가워요.

> 'Milo mi je.'는 혼자서 쓰
> 일 수 없으며 'Drago mi je'
> 의 답변으로만 쓰이는 표현입
> 니다.
>
> ※ 관용표현

슈따 이마
Šta ima?

잘 지내? (직역: 무엇이 있니?)

※ 아주 친한 사이끼리 쓰일 수 있는 표현입니다.

브라떼
Brate!

친구야!

※ 아주 친한 사이에서 쓰이며,
일반적으로 남자들끼리 쓰이는 표현입니다.

 엿보기 단어

kako [까꼬] 어떻게
ste [쓰떼] (당신께서) ~이다/~에 있다
drago [드라고] 반가운

milo [밀로] 반가운 (※ 단독 사용 불가)
šta [슈따] 무엇

오랜만이다! (직역: 너 어디야?)

si?

어떻게 지내세요?

ste?

만나서 반가워요.

건네는 말 :   받는 말 :

mi je.   ➡   mi je.

잘 지내? (직역: 무엇이 있니?)

Šta   ?

친구야!

B   !

질문 있어요!

Q 세르비아어에도 존댓말이 존재하나요?

세르비아어에는 한국어에 상응하는 존댓말이 없습니다. 세르비아어의 인칭 주어는 Vi와 ti로 나뉩니다. Vi는 격식체로 공식적인 자리 또는 처음 보는 사이에서 쓰이며, ti는 구어체로 친한 사이에서 쓰입니다. 학습자들이 Vi를 존댓말처럼 사용하는 경우가 있는데 이는 잘못된 경우입니다. 현지에서는 상대가 상사이거나 나이가 많은 경우라도 가까운 사이라면 ti를 사용하는 경우가 많습니다. 관계에 따른 Vi와 ti의 올바른 쓰임을 익혀 보세요.

● 공식적인 자리, 처음 보는 사이 : Vi

　　　도바르　　단　　까꼬　쓰떼
A: Dobar dan, kako ste?　　　　안녕하세요, 어떻게 지내세요?

　　　도브로　　쌈
B: Dobro sam.　　　　　　　　잘 지냅니다. (직역: 나는 좋다.)

● 사석, 친한 사이 : ti

　　　챠오　　까꼬　씨
A: Ćao, kako si?　　　　　　　안녕. 어떻게 지내?

　　　오들리츄노　　쌈
B: Odlično sam.　　　　　　　잘 지내. (직역: 나는 좋다.)

● 아주 친한 사이 : ti

　　　브라떼　　그데　씨
A: Brate, gde si?　　　　　　　야, 오랜만이다! (직역: 친구야, 어디야?)

　　　에보　　즈드라보
B: Evo, zdravo!　　　　　　　어, 안녕!

　　↘Evo는 '어이, 어, 이봐' 등의
　　뜻을 가지고 있는 추임새입니다.

 엿보기 단어

odlično [오들리츄노] 좋은, 훌륭한

인사하기 3 (헤어질 때)

🎧 01-05

헤어질 때 하는 인사말은 2가지가 있습니다. 단순히 헤어짐을 의미하는 인사말과 다음에 다시 만나자는 기약의 의미를 가진 인사말입니다. 그중 'Vidimo se.'는 비격식과 격식 상황에서 모두 쓰일 수 있는 기약의 의미를 가진 인사말입니다.

핵심 표현

비디모　　　　쎄
Vidimo se.

다음에 봐요.

단어

vidimo [비디모] (우리가) 보다
se [쎄] 재귀대명사

Tip 1. 인칭변화

vidimo가 1인칭 복수어미 형태인 '-mo'로 끝나므로 vidimo의 주체는 '우리'가 됩니다. vidimo는 '보다'를 의미하는 videti 동사에서 어간인 vidi를 활용하여 만들어진 형태의 동사입니다.

vidim [비딤] (내가) 보다　　vidiš [비디쉬] (네가) 보다　　vidimo [비디모] (우리가) 보다

2. 'Vidimo se.'와 'Doviđenja.'의 차이점

'Vidimo se.'는 다음을 기약하는 인사이고, 'Doviđenja.'는 다음 만남이 길 작별 인사에 가깝습니다.

츄예모　쎄

Čujemo se.

다음에 봐요. (직역: 다음에 들어요.)

> '다음에 통화합시다'라는
> 의미로 쓰이기도 합니다.
>
> ＊ 'Vidimo se.'와 같은 의미입니다.

도비제냐

Doviđenja.

다시 만나요.

차오

Ćao.

잘 가.

> ＊ Ćao의 다양한 의미
> - 만났을 때 : 안녕.
> - 헤어질 때 : 잘 가.

쁘리야뜨노

Prijatno.

수고하세요. (직역: 편안하세요.)

> ＊ Prijatno의 다양한 의미
> 식사를 하기 전, '잘 먹겠습니
> 다.'라는 의미로도 사용합니다.

 **엿보기 단어**

čujemo [츄예모] (우리가) 듣다　　　　prijatno [쁘리야뜨노] 편안한/좋은 상태가 되길 바라다

다음에 봐요.

V   **se.**

다음에 봐요. (직역: 다음에 들어요.)

Č   **se.**

다시 만나요.

D   **.**

잘 가.

Ć   **.**

수고하세요. (직역: 편안하세요.)

P   **.**

질문 있어요!

세르비아인들은 왜 싸우는 것처럼 말하나요?

한국인들에게 세르비아인들의 대화는 가끔 싸우는 것처럼 들리기도 합니다. 세르비아어가 한국어보다 조금 더 톤이 짙고 첫 마디에 강세가 있어서 전체적으로 강하게 들리기 때문입니다. 하지만, 세르비아어에 익숙해지면 언어적 특성으로 인한 오해임을 알 수 있습니다.

● 강세

지역마다 강세가 다르지만, 최근 세르비아 수도인 베오그라드를 중심으로는 대부분의 강세가 문장 앞부분에 위치하는 경향성을 보이고 있습니다.

– 앞부분에 큰 강세를 넣어 발음합니다.
– 문장 끝부분은 강세가 밑으로 꺾입니다.

잘못된 발음	올바른 발음
→→→ → 비 디 모 쎄 Vidimo se. 다음에 봐요.	♪ → ↘ 비 디 모 쎄 Vidimo se. 다음에 봐요.

● 억양

한국어는 물음표(?)로 끝날 때 끝을 올려서 말하지만, 세르비아어는 특수한 경우가 아니라면 문장의 맨 앞만 올리고 이후 문장들은 아래로 내리는 특징을 가지고 있습니다.

한국어	세르비아어
→ → ♪ 너 어디야?	♪ → ↘ 그데 씨 Gde si? 너 어디야?

자기소개하기

🎧 01-07

처음 만나는 사람이나 자신을 소개해야 하는 자리에서 자기소개는 필수 표현 중 하나 입니다. '나는 ~이다'라는 표현으로 'Ja sam ~'이 있습니다. 「Ja sam + 명사(이름, 직업, 국적 등)」 구조를 활용하여 짧지만 다양한 자기소개를 할 수 있습니다.

핵심 표현

^야 ^쌈 ^{쌔쏠}

Ja sam Saesol.

저는 새솔입니다.

↳ 세르비아인들은 한국인들의 이름을 발음할 때 된소리화하는 경향이 있습니다. (예) 쌔쏠, 민쭈, 쏘희

● 세르비아에서 인기 있는 이름

남자 이름	여자 이름
Marko [마르꼬]	Ana [아나]
Mihailo [미하일로]	Jana [야나]
Stefan [스떼판]	Jovana [요바나]
Aleksandar [알렉싼다르]	Aleksandra [알렉싼드라]
Nemanja [네마냐]	Sandra [싼드라]

단어

ja [야] 나는
sam [쌈] (내가) ~이다,
　　　　　(내가) ~에 있다

Tip 세르비아어에서 남자 이름은 남성형 어미인 자음으로 끝나고, 여자 이름은 여성형 어미인 '-a' 로 끝나는 경향이 있습니다. 그러나 여성형 어미로 끝나는데 남자 이름인 경우 등 예외도 존재합 니다.

Marko, Mihailo, Nemanja ➡ 중성형 어미, 여성형 어미지만 남자 이름

야 쌈 꼬레야쯔 꼬레이까

Ja sam Korejac/Korejka.

저는 한국인입니다.

> 직업을 나타내는 명사는 말하는 이의 성별에 맞춰서 씁니다.

야 쌈 쓰뚜덴뜨 쓰뚜덴뜨끼냐

Ja sam student/studentkinja.

저는 학생입니다.

야 쌈 쁘로뻬쏘르 쁘로뻬쏘르까

Ja sam profesor/profesorka.

저는 교수입니다.

※ 북부 등 일부 지역 : profesorica [쁘로뻬쏘리짜] 교수(여자)

야 쌈 쁘로그라메르 쁘로그라메르까

Ja sam programer/programerka.

저는 프로그래머입니다.

 **엿보기 단어**

Korejac/Korejka
[꼬레야쯔/꼬레이까] *m./f.* 한국인

student/studentkinja
[쓰뚜덴뜨/쓰뚜덴뜨끼냐] *m./f.* 학생

profesor/profesorka
[쁘로뻬쏘르/쁘로뻬쏘르까] *m./f.* 교수

programer/programerka
[쁘로그라메르/쁘로그라메르까] *m./f.* 프로그래머

✎ 여성형 : 직업/민족을 표현할 때 어간 뒤에 '-ka'를 붙입니다.

저는 ○○입니다.
↗ 자신의 이름을 넣어 보세요.

Ja sam .

저는 한국인입니다.

Ja sam .
↘ 말하는 이의 성별에 맞게 넣어 보세요.

저는 학생입니다.

Ja sam .
↘ 말하는 이의 성별에 맞게 넣어 보세요.

저는 교수입니다.

Ja sam .
↘ 말하는 이의 성별에 맞게 넣어 보세요.

저는 프로그래머입니다.

Ja sam .
↘ 말하는 이의 성별에 맞게 넣어 보세요.

질문 있어요!

Q 나를 소개할 때 Ja를 생략하고 sam만 사용할 수도 있나요?

세르비아어의 특징 중 하나는 동사마다 격이 있고 그 격을 통해 주어를 유추할 수 있다는 점입니다. 동사 sam만으로도 1인칭이며 주어는 ja라는 사실을 알 수 있으므로 ja는 생략 가능합니다. 그러나 sam은 혼자서 문장 맨 앞에 올 수 없기 때문에 sam 앞에 반드시 '명사'가 위치해야 합니다.

야 쌈 쓰뚜덴뜨 　　쓰뚜덴뜨 쌈
Ja sam student. = Student sam.

저는 학생입니다.

↘ja를 생략하려면, 명사인 student가 sam 앞으로
위치 이동되어야 합니다.

Q Ja는 항상 대문자여야 하나요?

'나'를 뜻하는 ja가 항상 대문자가 되지는 않습니다. 문장의 처음에 위치할 때만 대문자로 표기하고 이외의 경우에는 소문자로 표기합니다. 영어에서 I를 항상 대문자로 표기하는 것과 헷갈리지 않도록 주의하세요!

야 쌈 도브로
Ja sam dobro.

저는 좋습니다.

띠 이 야 쓰모 쁘리아뗄리이
Ti i ja smo prijatelji.

너와 나는 친구야. (직역: 너와 나는 친구들이야.)

 **엿보기 단어**

prijatelji [쁘리아뗄리이] 친구들

안부 묻기

🎧 01-09

세르비아인들은 안면이 있는 사이라면 서로의 안부를 묻는 것을 당연하게 생각합니다. 베오그라드 수도권으로 갈수록 그 관심도가 조금씩 낮아지고는 있지만, 대부분의 세르비아에는 안부를 묻는 문화가 아직도 많이 남아있습니다. 세르비아는 외국인 방문이 적기 때문에 여행객을 만나면 '세르비아 어때요?'라고 질문하는 것이 일상화되어 있습니다.

까꼬 띠 예 우 쓰르비이

Kako ti je u Srbiji?

세르비아 지낼만해? (직역: 세르비아에서 너에게 어때?)

Srbija je super!

Kako ti je u Srbiji?

단어

ti [띠] 너에게 (Ti의 여격)
je [예] (~가) ~이다/~에 있다
u Srbiji [우 쓰르비이]
세르비아에서

세르비아어는 나라 또는 지명의 첫 글자를 항상 대문자로 표기합니다.

Ja sam u Koreji. [야 쌈 우 꼬레이이]　　　　나는 한국에 있다.

까꼬 이데
Kako ide?

요즘 어때?

※ 관용표현

슈따 쎄 라디
Šta se radi?

요즘 어때?

※ 관용표현

이마 리 슈따 노보
Ima li šta novo?

요즘 어때? (직역: 새로운 것 있어?)

예 리 쓰베 우 레두
Je li sve u redu?

다 괜찮니?

● u redu
'줄이 맞추어져 있는'의 뜻으로
'괜찮다, OK'의 의미로 쓰입
니다.

 엿보기 단어

ide [이데] (그/그녀가, 그것이) 가다

radi [라디] (그/그녀가, 그것이) 일하다

ima [이마] (그/그녀가, 그것이) 있다

novo [노보] 새로운 것

sve [쓰베] 전체

세르비아 지낼만해? (직역: 세르비아에서 너에게 어때?)

_____ ti je u Srbiji?

요즘 어때?

Kako _____ ?

요즘 어때?

Šta _____ ?

요즘 어때? (직역: 새로운 것 있어?)

Ima li šta _____ ?

다 괜찮니?

Je li sve _____ ?

질문 있어요!

세르비아가 어떤지 계속 물어요, 뭐라고 말해야 하나요?

세르비아에는 외국인의 방문이 적기 때문에 타인에게 관심이 많고 안부를 자주 묻는 세르비아인들에게 외국인은 관심 대상이 될 수밖에 없습니다. '세르비아 지낼만해요?'라는 질문은 혹시라도 불편한 점은 없는지, 세르비아가 다른 이방인들에게 어떻게 비추어지는지 궁금한 마음이 담긴 하나의 안부 인사로 이해할 수 있습니다. 이때는 자연스럽게 긍정의 내용으로 답변하는 것이 좋습니다.

까꼬 띠 예 우 쓰르비이
Kako ti je u Srbiji?
세르비아 지낼만해?

쓰릅쓰까 흐라나 예 우꾸쓰나
Srpska hrana je ukusna.
세르비아 음식 맛있어요.

쓰르비 쑤 쁘리야뜨니
Srbi su prijatni.
세르비아인들 친절해요.

쓰르비야 예 쑤뻬르
Srbija je super.
세르비아 최고예요.

 지식 플러스

세르비아(Srbija), 세르비아인(Srb)은 대문자로 쓰이지만, 세르비아어(srpski), 세르비아의(srpska) 등은 소문자로 쓰입니다.

감정 표현하기

🎧 01-11

세르비아인들은 자신의 감정에 매우 솔직한 편입니다. '기쁘다, 슬프다' 등의 감정 표현을 할 때는 말하는 이의 성(性)에 맞는 형용사를 써야 합니다.

 핵심 표현

야 쌈 쓰레챤 쓰레츠나
Ja sam srećan/srećna.

저는 기쁩니다.

단어를 바꿔서 표현해 보세요.

ljut / ljuta [류뜨/류따] *m./f.* 화난

iznerviran / iznervirana

[이즈네르비란 / 이즈네르비라나] *m./f.* 짜증 나는

okej [오께이] 괜찮은

단어

srećan / srećna

[쓰레챤/쓰레츠나] *m./f.* 기쁜

 Tip 세르비아어는 형용사도 성(性)을 가지고 있습니다. 남성은 '자음', 여성은 '-a', 중성은 '-o, -e'로 끝나는 특징을 가지고 있습니다. 그러나 처음 단어를 외울 때부터 남성/여성/중성형을 모두 외울 필요는 없습니다. '성별 형용사가 각각 이렇구나.' 정도로만 인식하고 어간과 어미를 살펴보며 단계적으로 문법을 접하는 것을 추천합니다.

야 쌈 뚜쟌 뚜쥬나

Ja sam tužan/tužna.

저는 슬픕니다.

야 쌈 우모란 우모르나

Ja sam umoran/umorna.

저는 피곤합니다.

야 쌈 자우제뜨 자우제따

Ja sam zauzet/zauzeta.

저는 바쁩니다.

야 쌈 볼레쓰딴 볼레쓰나

Ja sam bolestan/bolesna.

저는 아픕니다.

 **엿보기 단어**

tužan/tužna [뚜쟌/뚜쥬나] *m./f.* 슬픈

umoran/umorna
[우모란/우모르나] *m./f.* 피곤한

zauzet/zauzeta [자우제뜨/자우제따] *m./f.* 바쁜

bolestan/bolesna [볼레쓰딴/볼레쓰나] *m./f.* 아픈

저는 기쁩니다.

Ja sam   .

↳ 말하는 이의 성별에 맞게 넣어 보세요.

저는 슬픕니다.

Ja sam   .

↳ 말하는 이의 성별에 맞게 넣어 보세요.

저는 피곤합니다.

Ja sam   .

↳ 말하는 이의 성별에 맞게 넣어 보세요.

저는 바쁩니다.

Ja sam   .

↳ 말하는 이의 성별에 맞게 넣어 보세요.

저는 아픕니다.

Ja sam   .

↳ 말하는 이의 성별에 맞게 넣어 보세요.

질문 있어요!

🐻 세르비아 친구가 저에게 화난 것 같아요!

세르비아인들은 어려서부터 자신의 감정과 생각을 자유롭게 표현하도록 배웁니다. 스스로의 감정에 솔직한 것을 중요시하며 거짓말을 하거나 뒤에서 다른 말 하는 것을 싫어합니다. 일상생활에서도 자신의 감정을 숨기지 않고 표현하기 때문에 종종 외국인들의 오해를 사기도 합니다. 세르비아인들은 아무리 친한 친구더라도 안 좋은 감정이 생기면 바로 표출하고 뒤끝 없이 털털한 성격으로 갈등을 빠르게 해소하여 더욱 돈독해지기도 합니다. 그러므로 세르비아인들의 솔직한 표현을 의연하게 받아들이는 것이 좋습니다. 만약 상처를 받았다면 아래와 같은 표현을 활용해 표현해 보세요.

네　고보림　도브로　쓰릅쓰끼
Ne govorim dobro srpski.

저는 세르비아어를 잘 못해요.

야　쌈　쓰띠들리이브　쓰띠들리이바
Ja sam stidljiv/stidljiva.

저는 성격이 부끄러움을 많이 타는 성격이에요. (직역: 저는 부끄러워요.)

 지식 플러스

세르비아 교육은 한국 교육에 비해 대화를 통한 해결을 강조합니다. 이러한 교육 문화로 인해 세르비아인들은 한국인들에 비해 감정 표현이 풍부하고 솔직한 편입니다.

감사 표현하기

🎧 01-13

감사함을 표현할 때 일상생활에서 가장 자주 쓰이는 표현이 'Hvala.'입니다. 감사의 마음을 더 강조하고 싶다면, Hvala 뒤에 'puno(매우), mnogo(많은), lepo(예쁜)' 등을 붙여서 다양한 감사 표현을 할 수 있습니다.

흐왈라

Hvala.

감사합니다.

Tip Hvala를 발음할 때, h와 a 사이에 있는 v는 거의 발음되지 않습니다. 그러나 완전한 묵음이 아니기 때문에 아주 옅게나마 v의 소리가 들어갑니다.

흐왈라   밤

Hvala Vam.

당신께 감사드립니다.

> Vi의 변화형태는 항상 대문자로 변화합니다.

흐왈라   뿌노

Hvala puno.

많이 감사합니다.

흐왈라   레쁘

Hvala lepo.

정말 감사합니다. (직역: 예쁘게 감사합니다.)

※ 관용표현

자흐발류옘   밤

Zahvaljujem Vam.

당신께 정말로 감사드립니다.

> 높은 사람에게 큰 감사를 표하는 공식적인 표현입니다.

 엿보기 단어

Vam [밤] 당신께 (Vi의 여격)

puno [뿌노] 꽉 찬

lepo [레쁘] 예쁜

zahvaljujem [자흐발류옘] (내가) 감사하다

감사합니다.

H   .

당신께 감사드립니다.

Hvala   .

많이 감사합니다.

Hvala   .

정말 감사합니다. (직역: 예쁘게 감사합니다.)

Hvala   .

당신께 정말로 감사드립니다.

Zahvaljujem   .

질문 있어요!

세르비아 친구에게 감사의 선물로 무엇이 좋을까요?

세르비아에서는 보통 감사의 선물로 와인을 선물합니다. 정말 고마운 세르비아 친구가 있다면 작은 카드용 편지와 함께 와인을 선물해 보세요. 이외에 한국에서만 볼 수 있는 기념품도 좋은 선물이 될 수 있습니다.

오보 예 뽀끌론 자 떼베
Ovo je poklon za tebe.

널 위한 선물이야.

이맘 뽀끌론
Imam poklon.

(저는) 선물이 있어요.

Imam poklon.

사과하기

🎧 01-15

길을 걷다 부딪히거나 잠시 비켜달라고 부탁할 때 사용하는 표현으로 'Izvinite.'가 있습니다. 직역하면 '저를 사과해 주세요.' 또는 '용서해 주세요.'가 되지만, 가벼운 사과 또는 식당에서 점원을 부를 때 자주 사용하는 '실례합니다.'의 의미로 이해할 수 있습니다.

핵심 표현

이즈비니떼

Izvinite.

실례합니다.

Mnogo se izvinjavam!

이즈비냐밤　쎄

Izvinjavam se.

죄송합니다.

＊ 격식체, 관용표현

므노고　쎄　이즈비냐밤

Mnogo se izvinjavam.

정말 죄송합니다.

＊ 격식체 : 매우 공손한 표현

좌오　미　예

Žao mi je.

유감입니다.

이즈비니

Izvini.

미안해.

＊ 구어체 : 작은 실수에 대한 사과 표현

 엿보기 단어

izvinjavam [이즈비냐밤] (내가) 사과하다　　　žao [좌오] 유감

실례합니다.

I   **.**

죄송합니다.

           se.

정말 죄송합니다.

Mnogo se   **.**

유감입니다.

          mi je.

미안해.

I   **.**

버스에서 잠시 비켜 달라는 말은 어떻게 하나요?

세르비아에서도 출/퇴근 시간에는 대중교통을 이용하는 사람들로 가득합니다. 붐비는 사람들을 지나가야 할 때, '죄송합니다'와 같은 격식체는 일상생활에서 조금 어색할 수 있습니다. 이럴 때는 '잠시만요, 실례합니다' 등의 표현으로 가볍게 말하는 것이 자연스럽습니다.

싸모 말로
Samo malo.   잠시만요.

이즈비니떼
Izvinite.   실례합니다.

↘ 'Samo malo.'에 비해 더 격식적인 표현입니다.

세르비아의 트롤리버스
(trolejbus [뜨롤레이부쓰])

Samo malo ...

질문하기

🎧 01-17

질문할 때는 2가지 방법이 있습니다. 의문사 **Da li**와 **Je li**를 앞에 붙여서 활용하는 방법입니다. 각 두 의문사 뒤에 **jesam** 동사나 명사를 붙여서 간단하게 질문할 수 있습니다. 또한, **Je li**는 **Je l'** [엘]로 줄여서 발음하는 경우가 많습니다.

핵심 표현

다 리 예 오보 쓰또　　예 리 오보 쓰또

Da li je ovo sto? = Je li ovo sto?

이것이 책상인가요?

단어를 바꿔서 표현해 보세요.

> Ovo je sto. [오보 예 쓰또]　　이것은 책상입니다.

kompjuter [꼼쀼떼르] 컴퓨터

klavir [끌라비르] 피아노

pero [뻬로] 펜

telefon [뗄레폰] 휴대폰

olovka [올로브까] 연필

단어

li [리] 의문사

ovo [오보] 이것

sto [쓰또] 책상

 Tip　● 지시사

ovo [오보] 이것	말하는 사람 입장에서 '가까이'에 있는 것을 의미합니다.
to [또] 그것	말하는 사람 입장에서 '멀리'에 있고, 듣는 사람 입장에서 '가까이'에 있는 것을 의미합니다.
ono [오노] 저것	말하는 사람과 듣는 사람 모두에게서 '멀리'에 있는 것을 의미합니다.

슈따 예 오보

Šta je ovo?

이것은 무엇인가요?

> 「Šta je + ○○? : ~은 무엇인가요?」 구조를 활용하여 다양한 질문을 할 수 있습니다.

슈따 예 또

Šta je to?

그것은 무엇인가요?

슈따 예 오노

Šta je ono?

저것은 무엇인가요?

까꼬 쎄 까줴 나 쓰릅쓰꼼

Kako se kaže na srpskom?

이것을 세르비아어로 무엇이라고 하나요?

엿보기 단어

na [나] ~로, ~에, ~위에

kaže se [까줴 쎄] ~라고 말이 이루어지다

srpskom [쓰릅쓰꼼] 세르비아어로 (srpski의 도구격)

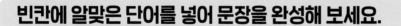

이것이 책상인가요?

Da li je   **?**

이것은 무엇인가요?

Šta je   **?**

그것은 무엇인가요?

Šta je   **?**

저것은 무엇인가요?

Šta je   **?**

이것을 세르비아어로 무엇이라고 하나요?

Kako se   **?**

Q 잘못 들었을 때 다시 묻는 표현이 궁금해요!

세르비아인들은 말을 빨리하는 경향이 있어서 외국인 입장에서는 이해하기 어려운 경우가 종종 있습니다. 이러한 상황에서 쓰면 좋은 표현으로 'Kako?' 또는 'Molim?'이 있습니다. 'Molim?'은 주로 공식적인 상황에서 더 많이 사용합니다.

까꼬
Kako?   뭐라고?

➡ '어떻게'의 뜻이지만, 대화 중 '뭐라고요?, 뭐라고 하셨어요?'라는 의미를 나타내기도 합니다.

몰림
Molim?   뭐라고요?

➡ 공식적인 장소나 처음 보는 관계에서 쓰일 수 있는 격식체 표현입니다.

몰림   바쓰   뽀노비떼
Molim Vas ponovite.   다시 한번 말씀해 주세요.

➡ 매우 공손한 격식체 표현입니다.

네   라주멤
Ne razumem.   (나는) 이해가 가지 않아요.

엿보기 단어
───────────────────────────────────

ponovite [뽀노비떼] (당신이) 반복하다

부탁하기

🎧 01-19

부탁할 때는 다양한 표현이 있습니다. 'Može li ~?' 의문문 뒤에 명사, 부사 등을 넣어서 '~이 되나요?'라고 묻는 방법과 'molba[몰바](부탁)'라는 단어를 활용하여 표현할 수도 있습니다. 다양한 부탁의 표현을 익혀 보세요.

핵심 표현

모줴　리　따꼬
Može li **tako**?

그렇게 해도 될까요?

단어

Može li ~? [모줴 리]
~해도 될까요?

tako [따꼬] 그렇게

Tip

● može의 쓰임

'할 수 있다'의 의미를 가진 동사는 moći입니다. moći 동사는 주어에 따라서 'mogu, možeš, može, možemo, možete, mogu'로 변화합니다. 이때, 주어가 확실하지 않고 단순히 가능 여부를 물어볼 때는 može를 활용합니다.

> **moći** [모치] : 할 수 있다

mogu [모구] 내가 할 수 있다　　　　**možemo** [모줴모] 우리가 할 수 있다

možeš [모줴쉬] 네가 할 수 있다　　　**možete** [모줴떼] 당신이 할 수 있으십니다

može [모줴] 그/그녀/그것이 할 수 있다　**mogu** [모구] 너희들이 할 수 있다

모줴 리 싸모 쎄꾼드
Može li samo sekund?

잠시 기다려주실 수 있을까요? (직역: 몇 초만 가능할까요?)

모줴 리 몰바
Može li molba?

부탁해도 될까? (직역: 부탁 될까?)

이맘 몰부 자 떼베
Imam molbu za tebe.

너에게 부탁이 있어.

> molba는 어미가 '-a'로 끝나는 여성명사이므로 molbu로 변화하여 표현합니다.

몰림 바쓰
Molim Vas.

부탁합니다.

※ 영어의 please와 같은 관용표현입니다.

 엿보기 단어

samo [싸모] 오직, ~만
sekund [쎄꾼드] 잠시, 초
imam [이맘] (내가) 가지고 있다
molbu [몰부] 부탁을 (molba의 목적격)

za [자] ~를 위해
tebe [떼베] 너를 (ti의 목적격)
molim [몰림] (내가) 부탁한다
Vas [바쓰] 당신을 (Vi의 목적격)

그렇게 해도 될까요?

Može li   **?**

잠시 기다려주실 수 있을까요? (직역: 몇 초만 가능할까요?)

Može li   **?**

부탁해도 될까? (직역: 부탁 될까?)

Može li   **?**

너에게 부탁이 있어.

Imam   **za tebe.**

부탁합니다.

         vas.

질문 있어요!

친한 친구에게 간곡한 부탁을 할 때는 어떻게 표현하나요?

친한 친구끼리 부탁을 할 때는 부탁하는 문장의 앞 또는 뒤에 'Molim te'를 붙이거나, molba(부탁)가 들어간 표현을 씁니다. 이외에 '아주 조금만'이라는 뜻을 가지고 있는 'Samo malo'도 쓰일 수 있습니다.

몰림 떼
Molim te.
부탁해.

몰림 떼 헤미이쓰꾸
Molim te hemijsku.
볼펜 좀 줘.

싸모 말로
Samo malo!
아주 조금만!

이즈비니 알리 싸모 말로
Izvini, ali samo malo.
미안해, 그런데 아주 조금만.

Molim te.

엿보기 단어

hemijsku [헤미이쓰꾸] 볼펜을 (hemijska의 목적격)
izvini [이즈비니] 미안해

ali [알리] 하지만

감탄사로 표현하기

🎧 01-21

세르비아인들은 감탄사를 자주 사용하고 자신의 감정을 거리낌 없이 표현하는 편입니다. 세르비아인들은 신에 대해 생각하는 비중이 큽니다. 세르비아 국민의 약 80%가 세르비아 정교회를 믿고 있을 정도로 유신론자의 비율이 높고 문화나 언어에서도 종교와 관련된 표현들이 녹아 있습니다. 한편, '신' 자체를 의미할 때는 대문자 'Bog[복]'을 쓰며, '신'의 의미가 문장 내에 내포된 관용어일 때는 소문자 'bog[복]'을 씁니다.

핵심 표현

오　　　보줴

O, bože!

오, 세상에! (직역: 오, 신이시여!)

O, bože!

단어

O [오] 오! (감탄사)

bože [보줴] 신이시여
　　　　　(bog의 호격)

까꼬 예 레쁘

Kako je lepo!

참 예쁘다! (직역: 어떻게 예쁘지!)

● Kako의 활용

「Kako je + 형용사」구조는 형용사를 강조하면서 감탄하는 표현을 나타냅니다.

야오

Jao!

이야!

※ 부정적이거나 안타까운 상황에서 쓸 수 있는 감탄사입니다.

네 모구

Ne mogu!

세상에! (직역: 나는 할 수 없다!)

● Ne mogu!의 2가지 의미

- 내가 할 수 없는 상황 :
  나는 (정말) 할 수 없어!
- 감탄사 : 세상에! (축약어: NMG)

니예 모구체

Nije moguće!

있을 수 없는 일이야! (직역: 가능한 일이 아니다!)

 엿보기 단어

lepo [레쁘] 예쁜

jao [야오] 이야! (감탄사)

ne [네] 아니다

nije [니예] (~가) ~이 아니다/~에 없다

moguće [모구체] 가능한 일

오, 세상에! (직역: 오, 신이시여!)

O,   !

참 예쁘다! (직역: 어떻게 예쁘지!)

Kako je   !

이야!

J   !

세상에! (직역: 나는 할 수 없다!)

Ne   !

있을 수 없는 일이야! (직역: 가능한 일이 아니다!)

Nije   !

질문 있어요!

세르비아인들에게 종교란 어떤 의미인가요?

성령을 축복하는 거리 행사

세르비아인들의 대부분은 세르비아 정교회를 믿고 있습니다. 세르비아 정교회는 콘스탄티노폴리스 총대주교에서 분리되어 독립된 교회이며 로마, 오스만튀르크, 오스트리아–헝가리 제국 등의 여러 침략과 식민 기간 동안 민족을 지켜주던 교회입니다. 세르비아인들에게 종교를 믿느냐 안 믿느냐의 질문보다는 교회에 얼마나 자주 가느냐의 질문이 더 어울린다고 할 수 있습니다. 그러나 최근 젊은 세대 위주로 종교 자체를 믿지 않는 비율도 높아지고 있는 추세입니다.

다 리 췌쓰또 이데떼 우 쯔르끄부
Da li često idete u crkvu?

(당신은) 교회에 자주 다니시나요?

지식 플러스

● crkva의 목적격 활용

'~에 간다, ~로 가고 있다' 등의 왕래발착동사(왔다 갔다 하는 것을 나타내는 동사)가 나오면, 그 뒤에 '-u, -na'의 전치사를 붙인 다음 목적격을 활용합니다. crkva는 '-a'로 끝나는 여성명사입니다. 따라서, 여성명사의 목적격 형태인 crkvu로 변화하여 활용합니다.

엿보기 단어

često [췌쓰또] 자주

idete [이데떼] (당신이) 간다

crkvu [쯔르끄부] 교회를 (crkva의 목적격)

격려하기

🎧 01-23

세르비아어에는 유독 격려 표현이 많습니다. 'Biće bolje.'는 가장 자주 쓰이는 격려 표현 중 하나입니다. 누군가를 위로할 때도 쓰이지만 막연히 습관적으로 쓰이기도 합니다. 세르비아인들과 대화 중, 격려 표현을 건넨다면 상대에게 위로와 감동을 줄 수 있을 것입니다.

핵심 표현

비체 볼레
Biće bolje.

좋아질 거야.

Biće bolje.

단어

biće [비체] ~할 것이다
bolje [볼레] 더 좋은/나은

Tip ─ dobro는 '좋은'의 뜻이며, bolje는 '좋은'의 비교급인 '더 좋은'이라는 뜻을 가지고 있습니다. 그리고 najbolje는 '가장 좋은'이라는 최상급 표현입니다. 이와 같이, 「dobro-bolje-najbolje」 순으로 「형용사-비교급-최상급」으로 변화합니다.

dobro [도브로] 좋은 – **bolje** [볼레] 더 좋은 – **najbolje** [나이볼레] 가장 좋은

야 쌈 뚜 자 떼베
Ja sam tu za tebe.

나는 너를 위해 여기에 있어.

※ za 다음에는 목적격을 활용합니다.

베루옘 다 이데 쓰베 나 볼례
Verujem da ide sve na bolje.

나는 다 좋아질 거라고 믿고 있어.

※ sve + 비교급 : 점점 더 ~한다

쑤뻬르 띠 이데
Super ti ide.

넌 아주 잘하고 있어. (직역: 너에게 잘 가고 있다.)

베즈 브리게
Bez brige.

걱정하지 마. (직역: 걱정을 빼고)

bez 다음에는 소유격을 활용합니다. 따라서, briga 라는 여성명사가 brige로 변화하여 활용됩니다.

엿보기 단어

tu [뚜] 여기	**sve** [쓰베] 전부
tebe [떼베] 너를 (**ti**의 목적격)	**bez** [베즈] ~를 빼고
verujem [베루옘] (내가) 믿다	**briga** [브리가] 걱정

좋아질 거야.

Bíće .

나는 너를 위해 여기에 있어.

Ja sam tu .

나는 다 좋아질 거라고 믿고 있어.

da ide sve na bolje.

넌 아주 잘하고 있어. (직역: 너에게 잘 가고 있다.)

Super **ide.**

걱정하지 마. (직역: 걱정을 빼고)

Bez .

Q 스포츠 경기 중 외칠 수 있는 응원 표현들이 궁금해요!

세르비아 경기장에서 흔하게 들을 수 있는 응원 표현은 'Idemo!'입니다. '우리는 간다!'라는 뜻이지만, '다 같이 무엇인가를 해보자!'라는 의미를 담은 '가자!'의 의미로 자주 쓰이고 있습니다.

이데모
Idemo! 가자!

하이데   아이데
Hajde! (= Ajde!) 한번 해보자!

우라
Ura! 아자!

● 알렉산다르 니콜리치 홀

세르비아인들은 농구를 매우 좋아합니다. 베오그라드에서 농구 경기가 자주 열리는 'Hala Aleksandar Nikolić [할라 알렉싼다르 니콜리치]'는 농구 감독인 'Aleksandar Nikolić[알렉싼다르 니콜리치]'에서 따온 경기장 이름입니다. 이곳에서 농구 경기가 자주 열리며, 2019년 세르비아와 한국의 농구 경기도 이곳에서 진행되었습니다.

Unit 13

축하하기

축하 표현 중 가장 흔히 쓰이는 표현은 'Svaka čast!'입니다. 직역하면 '모든 영광'이라는 뜻이지만, '모든 영광/영예의 마음을 담아 축하합니다'라는 의미로 이해할 수 있습니다.

핵심 표현

쓰바까　　　　좌쓰뜨
Svaka čast!

축하해!

단어

svaka [쓰바까] 모든
čast [좌쓰뜨] 영예, 영광

Svaka čast!

체 쓰띠땀
Čestitam!

(내가) 축하해!

＊ Čestitamo! [체쓰띠따모] (우리가) 축하해!

체 쓰떼 띠께
Čestitke!

축하해!

＊ 말하고 있는 주체에 상관없이 쓸 수 있는 축하 표현입니다.

블라고　　떼비
Blago tebi!

(너) 좋겠다!

＊ 멀리 있는 상대 또는 공식적인 자리 :
Blago Vama! [블라고 바마] (당신) 좋겠어요!

오들리츄노
Odlično!

훌륭해!

엿보기 단어

blago [블라고] 축복   tebi [떼비] 너에게 (Ti의 여격)

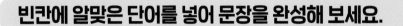

축하해!

　　　　　čast!

(내가) 축하해!

Č　　　　!

축하해!

Č　　　　!

(너) 좋겠다!

Blago　　　　　　!

훌륭해!

O　　　　!

질문 있어요!

기념일, 명절 등에 할 수 있는 축하 표현이 궁금해요!

축하하는 모든 상황에서 'Svaka čast!' 또는 'Čestitke!' 표현을 쓸 수 있지만, 조금 더 상황에 맞는 표현을 쓰고 싶다면 아래와 같은 표현을 활용할 수 있습니다. 특히, 기념일 등을 축하할 때는 형용사 'srećan(기쁜)'을 활용하여 표현합니다.

쓰레챤　　로젠단
Srećan rođendan! 　　　생일 축하해!

쓰레츠나　　노바　　고디나
Srećna Nova godina! 　　새해 복 많이 받으세요!

맞장구치기

🎧 01-27

상대와의 대화 중 적당한 맞장구는 대화의 흐름을 유연하게 만드는 데 도움을 줍니다. 특히, '정말이야?, 이야!'와 같은 맞장구는 세르비아인들이 가장 많이 쓰는 추임새이므로 미리 익혀두는 것을 추천합니다.

핵심 표현

쓰뜨바르노

Stvarno?

정말이야?

단어

stvarno [쓰뜨바르노] 정말

Tip stvarno는 '정말'이라는 뜻이지만, 평어체에서는 잘 쓰이지 않고 주로 의문문에서 쓰이는 경향이 있습니다. 평어체에서는 같은 뜻을 가진 zaista(정말)를 사용하는 것이 자연스럽습니다.

A: **Zaista volim Srbiju!** [자이쓰따 볼림 쓰르비유]　　　(저는) 세르비아가 정말 좋습니다!

B: **Stvarno?** [쓰뜨바르노]　　　　　　　　　정말로요?

옐

Je l'?

그래?

※ 구어체, 'Je li'의 줄임 표현

오즈비일노

Ozbiljno?

진심이야?

※ 조금 진지하게 물어보는 표현으로,
약간 부정적인 어감을 가지고 있습니다.

빤따쓰띠츄노

Fantastično!

환상적이네요!

자님리이보

Zanimljivo.

흥미롭네요.

※ = interesantno [인떼레싼뜨노]

 엿보기 단어

ozbiljno [오즈비일노] 진심인   zanimljivo [자님리이보] 흥미로운
fantastično [빤따쓰띠츄노] 환상적인

정말이야?

S   ?

그래?

J   ?

진심이야?

O   ?

환상적이네요!

F   !

흥미롭네요.

Z   .

질문 있어요!

세르비아인들과 이야기할 때 조심해야 하는 주제가 있나요?

1. '종교, 신' 관련 이야기

세르비아인들의 약 **80%** 이상이 세르비아 정교회를 믿고 있는 만큼, 세르비아 정교회와 관련된 역사와 문화는 그들의 일상 속에 깊이 자리 잡고 있습니다. 세르비아 정교회를 빼면 세르비아 문화와 언어를 이야기할 수 없을 정도입니다. 세르비아인들에게 종교는 매우 중요하고 민감한 주제가 될 수 있습니다. 유신론자가 **80%** 이상 된다는 점도 한국과는 다른 점입니다. 최근에는 세르비아 베오그라드 시가지로 갈수록, 그리고 젊은 세대로 갈수록 무신론자의 비율이 높아지고 있는 추세지만, 종교 또는 신과 관련된 이야기를 할 때는 민감한 주제인 만큼 주의하는 것이 좋습니다.

2. 코소보 관련 이야기

'코소보'는 세르비아 정교회의 시작점이자 세르비아 독립의 상징으로 민족과 종교의 성지인 곳입니다. 단순히 하나의 지역이라는 것을 넘어서 민족의 상징성을 지니고 있기 때문에 코소보에 관한 이야기는 주의하는 것이 좋습니다.

● 공화국 광장

세르비아 베오그라드 한가운데에는 공화국 광장(Trg Republika, Трг Република[뜨르그 레뿌블리까])이 있습니다. 광장 중앙에는 미하일로 왕 동상의 손이 세르비아 민족의 성지인 코소보 방향을 가리키고 있습니다.

제안하기

🎧 01-29

'hajdemo(~하자)'를 활용해서 다양한 제안을 할 수 있습니다. 'Ajmo na kafu.'는 일상생활에서 자주 쓰이는 표현이지만 아주 친한 사이에만 쓰이는 표현이므로, 공식적인 자리나 처음 보는 사이에서는 격식체를 사용하는 것이 좋습니다.

(격식체 : **Da li hoćemo da idemo na kafu?** [다 리 호체모 다 이데모 나 까뿌]

커피 마시러 가실까요?

 핵심 표현

아이모　　　나　　　까뿌

Ajmo na kafu.

커피 마시러 가자.

단어를 바꿔서 표현해 보세요.

행위의 목적을 나타내기 위해 사용하는 전치사 na 다음에는 목적격을 활용합니다.

단어	성(性)	목적격
espreso [에쓰쁘레쏘] 에스프레소	중성	espreso [에쓰쁘레쏘]
sok [쏘끄] 주스	남성	sok [쏘끄]
pivo [삐보] 맥주	중성	pivo [삐보]
rakija [라끼야] 라끼야	여성	rakiju [라끼유]

↳ 끝이 '-a'로 끝나는 여성명사는 목적격으로 변화할 때 '-u'로 변화합니다. 반면, '-e, -o'로 끝나는 중성명사와 자음으로 끝나는 남성명사(비활성체)는 목적격과 주격이 동일하여 변하지 않습니다.

단어

ajmo [아이모] ~하자
Hajdemo na + 목적격
~하러 가자
kafu [까뿌] 커피 (kafa의 목적격)

 Tip ● hajdemo의 다양한 줄임 표현

일상생활에서는 hajdemo를 줄여서 'ajdemo, ajde, ajmo, aj' 등으로 표현하므로 줄임 표현을 미리 알아두는 것을 추천합니다.

hajdemo [하이데모] ~하자 ➡ ajdemo [아이데모], ajde [아이데], ajmo [아이모], aj [아이], hajmo [하이모]

아이모　　따모
Ajmo tamo!

거기로 가자!

* = Hajmo tamo! [하이모 따모]
* 격식체 : Hajdemo tamo! [하이데모 따모] **거기로 갑시다!**

아이데
Ajde!

그러자!

* = Hajde! [하이데]
* 격식체 : Hajdemo! [하이데모] **그렇게 합시다!**

호체모
Hoćemo!

그러자! (직역: 우리가 원한다!)

> h를 삭제하여 Oćemo [오체모]로 발음하는 경우도 있습니다.

호체쉬
Hoćeš?

그럴래? (직역: 네가 원하니?)

> h를 삭제하여 Oćeš [오체쉬]로 발음하는 경우도 있습니다.

 엿보기 단어

tamo [따모] 그곳, 그쪽　　　　　　hoćemo [호체모] (우리가) 원하다

커피 마시러 가자.

Ajmo .

거기로 가자!

Ajmo !

그러자!

A !

그러자! (직역: 우리가 원한다!)

H !

그럴래? (직역: 네가 원하니?)

H ?

 세르비아인들의 식사 예절이 궁금해요!

식사할 때는 입 소리를 내지 않는 것이 예의입니다. 식사 예절로 유독 민감하게 생각하는 부분이므로 세르비아인과 식사할 때는 '쩝쩝' 소리를 내지 않도록 주의하는 것이 좋습니다. 술을 함께 마실 때는 잔이 비면 다시 채워주기 때문에 그만 마시고 싶을 때는 빈 잔이 되지 않도록 술을 남겨 두는 것이 좋습니다.

세르비아인과의 즐거운 식사를 위해 아래의 표현을 활용해 보세요.

쁘리야뜨노
Prijatno!   잘 먹겠습니다! (직역: 편안하세요!)

우꾸쓰노   예
Ukusno je.   맛있어요.

꼬예 에 오보 옐로
Koje je ovo jelo?   이 음식은 무엇인가요?

 엿보기 단어

ukusno [우꾸쓰노] 맛있는   **jelo** [옐로] 음식
koje [꼬예] 어느

약속하기

🎧 01-31

세르비아인들은 약속 시간을 잘 지키는 편으로, 아무리 늦어도 15분 안에 도착하는 것을 예의라고 생각합니다. 약속을 잡을 때는 'Vidimo se ~' 어휘를 활용할 수 있습니다. 직역하면 '우리가 우리를 본다'이지만, '다시 만나자'의 의미로 이해할 수 있습니다.

핵심 표현

비디모　　쎄　　쑤뜨라
Vidimo se sutra!

내일 보자!

단어를 바꿔서 표현해 보세요.

kasnije [까쓰니예] 이따가

uveče [우베췌] 저녁에

pre podne [쁘레 뽀드네] 오전에

posle podne [뽀쓸레 뽀드네] 오후에

단어

vidimo [비디모] (우리가) 보다

sutra [쑤뜨라] 내일

Tip
● se의 역할
주어가 해당 동사를 하는 주체이자 당하는 주체임을 나타내는 재귀대명사입니다.

도고보레노

Dogovoreno!

그렇게 하자! (합의된)

＊ 약속의 승낙을 의미하는 표현입니다.
＊ 줄임 표현 : Dogovoren! [도고보렌]
＊ 아주 친한 사이끼리 : Ajde! [아이데]

호체모　　리　　쑤뜨라

Hoćemo li sutra?

내일 괜찮아?

＊ = Oćemo li sutra? [오체모 리 쑤뜨라]
　 = Da li hoćemo sutra? [다 리 호체모 쑤뜨라]

까다　　　이데모

Kada idemo?

언제 갈까?

그데　　　이데모

Gde idemo?

어디로 갈까?

방향과 장소 구분 없이 어디로 갈지 묻는 표현으로, 표준어는 아니지만 현지에서 자주 쓰이는 표현입니다.

바른 표현 : Kuda idemo?
[꾸다 이데모] (거의 쓰이지 않음)

 엿보기 단어

dogovoreno [도고보레노] 합의된
sutra [쑤뜨라] 내일
kada [까다] 언제

idemo [이데모] (우리가) 가다
kuda [꾸다] ~ 쪽으로 (의문사)

내일 보자!

Vidimo se   !

그렇게 하자! (합의된)

D   !

내일 괜찮아?

Hoćemo li   ?

언제 갈까?

        idemo?

어디로 갈까?

Gde   ?

질문 있어요!

세르비아의 시골은 어떻게 생겼나요?

세르비아의 수도인 베오그라드 외곽으로 넘어가면 도시적인 풍경을 지나 전형적인 시골 풍경을 볼 수 있습니다. 빨간색 지붕으로 이루어진 집들이 보이기 시작하고 끝없이 보이는 평원과 숲으로 이루어진 평온한 풍경입니다. 베오그라드에서 조금만 벗어나도 세르비아의 자연을 느낄 수 있습니다. 세르비아 집들 중 빨간색 지붕이 많은 이유는 지붕의 기와를 흙으로 만들기 때문입니다.

Kosjerić [꼬씨예리치] : 세르비아 중부 지방에 위치한 마을

미르노 예
Mirno je.   평화로워요.

비세 볼림 쎌로 네고 그라드
Više volim selo, nego grad.   (저는) 도시보다, 시골이 좋아요.

 엿보기 단어

više [비셰] 더   **nego** [네고] ～보다
volim [볼림] (내가) 좋아하다   **grad** [그라드] 도시
selo [쎌로] 시골

날씨 표현하기

🎧 01-33

날씨를 표현할 때는 '날씨가 나로 하여금 ~하게 만들고 있다'라고 말하는 것이 자연스럽습니다. 여기서 '나'는 날씨의 특징을 수동적으로 당하는 존재입니다. 예를 들어서 '날씨가 춥다'라는 표현은 세르비아어로 '날씨가 나로 하여금 춥게 만들고 있다' 또는 '날씨가 나에게 있어서는 춥다' 등으로 표현합니다.

핵심 표현

흘라드노　　　미　　예
Hladno mi je.

날씨가 추워요.

단어를 바꿔서 표현해 보세요.

toplo [또쁠로] 따뜻한

vruće [브루체] 더운

(후덥지근하게 더운 여름 날씨를 의미)

단어

hladno [흘라드노] 추운
mi [미] 나에게 (ja의 여격)

<small>싸다　예　쑨촤노</small>

Sada je sunčano.

지금은 맑아요.

> ● Sada je + 날씨
> kišno [끼슈노] 비 오는
> oblačno [오블라츄노] 흐린

<small>빠다　끼샤</small>

Pada kiša.

비가 내려요.

> ※ Padala je kiša. [빠달라 예 끼샤] 비가 내렸어요.
> ※ Pada + 눈/비 : 눈/비가 내려요
> 　(sneg [쓰네그] 눈)

<small>브레메　예　레쁘</small>

Vreme je lepo.

날씨가 좋아요.

<small>브레메　예　로셰</small>

Vreme je loše.

날씨가 안 좋아요.

 **엿보기 단어**

vreme [브레메] 날씨. 시간　　　　　loše [로셰] 나쁜, 안 좋은
lepo [레쁘] 좋은, 잘, 예쁜

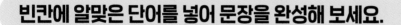

날씨가 추워요.

mi je.

지금은 맑아요.

Sada je _____.

비가 내려요.

Pada _____.

날씨가 좋아요.

Vreme je _____.

날씨가 안 좋아요.

Vreme je _____.

질문 있어요!

Q 세르비아의 겨울은 한국보다 더 추운가요?

Rušanj [루산] : 베오그라드 외곽에 위치한 마을

세르비아는 한국과 기후 차이가 크지 않습니다. 세르비아에도 봄, 여름, 가을, 겨울의 사계절이 존재합니다. 다만, 여름은 한국처럼 습하지 않고 건조하며, 겨울은 영상의 기온으로 한국보다 많이 따뜻한 편입니다. 예전에는 겨울 날씨도 한국처럼 추웠지만, 지구온난화의 영향으로 유럽 동남부 지역의 기온이 올라가면서 지금은 겨울이라 하더라도 영상 기온을 보이고 있습니다.

까끄보 예 브레메 우 쓰르비이
Kakvo je vreme u Srbiji?

세르비아 날씨 어때요?

브레메 예 레뽀 우 쓰르비이
Vreme je lepo u Srbiji.

세르비아 날씨 좋아요.

➡ '~에'라는 의미를 가지고 있는 '-u, -na'를 통해 '장소'를 표현하기 때문에 'u Srbiji'는 '세르비아에서'라는 의미가 됩니다. Srbija는 모음 '-a'로 끝나는 여성명사입니다. 따라서 장소격으로 변화할 때 Srbiji로 변화합니다.

엿보기 단어

kakvo [까끄보] 어떠한

요일 표현하기

🎧 01-35

세르비아어는 '일-월'의 순서로 날짜를 말하며, 월 이름과 요일 이름만 잘 기억한다면 어떠한 상황에서도 쉽게 말할 수 있습니다.

핵심 표현

다나쓰　　예　　　쁘네델랴끄
Danas je ponedeljak.

오늘은 월요일입니다.

Tip

● 요일
문장의 첫 단어로 요일이나 월(月)이 오는 경우가 아니면 항상 소문자로 씁니다.

월요일	화요일	수요일	목요일	금요일	토요일	일요일
ponedeljak	utorak	sreda	četvrtak	petak	subota	nedelja
[쁘네델랴끄]	[우또라끄]	[쓰레다]	[췌뜨브르따끄]	[빼따끄]	[쑤보따]	[네델랴]

쑤뜨라 예 우또라끄
Sutra je utorak.

내일은 화요일입니다.

싸다 예 마르뜨
Sada je mart.

지금은 3월입니다.

※ 달, 월 : 30p. 참고

꼬이 예 단 다나쓰
Koji je dan danas?

오늘은 무슨 요일인가요?

쓸레데치 메쎄쯔 예 아쁘릴
Sledeći mesec je april.

다음 달은 4월입니다.

 **엿보기 단어**

mart [마르뜨] 3월
koji [꼬이] 어느
sledeći [쓸레데치] 다음의

mesec [메쎄쯔] 달, 월
april [아쁘릴] 4월

오늘은 월요일입니다.

Danas je   .

내일은 화요일입니다.

Sutra je   .

지금은 3월입니다.

Sada je   .

오늘은 무슨 요일인가요?

                     dan danas?

다음 달은 4월입니다.

Sledeći mesec je   .

질문 있어요!

세르비아의 크리스마스는 왜 1월 7일인가요?

크리스마스이브에 ***badnjak***를 태우며 행복을 기원하는 모습

세르비아는 정교회를 믿는 나라이기 때문입니다. 동방 정교회에서는 서방 교회의 달력을 따르지 않고 기존 율리우스력을 따르고 있기 때문에 크리스마스가 1월 7일이며, 새해도 1월 14일입니다. 크리스마스이브(1월 6일)가 되면 세르비아인들은 모두 모여서 badnjak[바드냐끄] 나무를 함께 불태움으로써 서로의 행복을 기원합니다.

<small>쓰레챤   보쥐치</small>

Srećan Božić!

메리 크리스마스! (직역: 행복한 크리스마스!)

🖊 Božić는 항상 대문자로 표기합니다.

지식 플러스

● badnjak 나무

세르비아의 크리스마스 행사에서 중심이 되는 **badnjak**는 십자가를 상징하는 나무로서, 나뭇가지 또는 나무 전체를 의미합니다. 크리스마스이브에 모여서 나무를 불태우고 사람들은 그 가지를 집으로 가져가기도 합니다.

초대하기

🎧 01-37

세르비아인들은 친한 친구를 집에 초대하거나 파티를 자주 여는 등 지인과의 교류가 활발한 편입니다. 따뜻하고 정이 많은 세르비아인들은 집으로 초대한 손님이 부족함을 느끼지 않도록 최선을 다합니다.

 핵심 표현

도지　　나　　베췌루
Dođi na veceru!

저녁(식사) 먹으러 와!

> Dođi na veceru!

> Hvala na pozivu.

단어

dođi [도지] (네가) **와라** (명령어)
večeru [베췌루] **저녁**(식사)
(večera의 목적격)

 Tip 'dođi na'는 '~에 (네가) 와라'라는 뜻으로, 주로 누군가를 부르거나 초대할 때 쓸 수 있는 표현입니다. na 뒤에는 목적격을 위치하여 다양한 표현으로 활용할 수 있습니다.

뽀지밤　떼　나　로젠단
Pozivam te na rođendan.
(내가) 너를 생일파티에 초대한다.

뽀지밤　바쓰
Pozivam Vas.
(당신을) 초대합니다.

> 존칭격인 Vi는 변화형태도 대문자로 표기합니다.

도지　꼬드　메네
Dođi kod mene.
우리 집으로 와.

> ＊ kod + 소유격 : ~의 주변, ~의 집

흐왈라　나　뽀지부
Hvala na pozivu.
초대해 줘서 고마워.

 **엿보기 단어**

pozivam [뽀지밤] (내가) 초대하다
te [떼] 너를 (ti의 목적격)

mene [메네] 나의 (ja의 소유격)
pozivu [뽀지부] 초대에 (poziv의 장소격)

저녁(식사) 먹으러 와!

Dođi na   !

(내가) 너를 생일파티에 초대한다.

Pozivam   .

(당신을) 초대합니다.

Pozivam   .

우리 집으로 와.

Dođi kod   .

초대해 줘서 고마워.

Hvala na   .

질문 있어요!

Q 세르비아인에게 식사 초대를 받았을 때 어떤 선물을 가져가야 할까요?

세르비아인들은 흥이 많은 민족입니다. 세르비아인에게 식사 초대를 받았다면 가벼운 마음으로 초대에 응하는 것이 가장 좋습니다. 초대에 대한 감사의 의미로 작은 선물이나 함께 마실 수 있는 와인을 준비해 간다면 큰 감동을 줄 수 있습니다.

돌라짐
Dolazim.   가고 있어. (직역 : 오고 있어.)

비디모 쎄 따다
Vidimo se tada!   그때 보자!

오보 예 비노 자 떼베
Ovo je vino za tebe.   널 위한 와인이야.

 엿보기 단어

tada [따다] 그때   **vino** [비노] 와인

Unit 20

긍정 표현하기

🎧 01-39

세르비아어에는 상대의 의견에 '그래, 그러자!'와 같이 긍정을 나타내는 다양한 표현이 있습니다. 'Naravno.'는 강한 긍정을 나타내는 표현으로 다양한 상황에서 긍정의 대답으로 쓰입니다. 긍정을 나타내는 표현들은 주로 하나의 관용표현으로 굳혀진 표현들이 많기 때문에 단어 하나하나를 학습하기보다 문장 자체의 의미로 익히는 것이 좋습니다.

★★★★★

핵심 표현

나라브노

Naravno.

물론이지.

✎ 영어의 'Of course.'와 같은 의미입니다.

단어

naravno [나라브노] 물론

바쥐

Važi.

그래.

※'괜찮아'라는 의미로도 쓰입니다.

도브로

Dobro.

좋아요.

쓸라쥄   쎄

Slažem se.

동의합니다.

슈또 다 네

Što da ne?

당연하죠?

※관용표현
※영어의 'Why not?'과 같은 의미입니다.

 **엿보기 단어**

važi [바쥐] 그렇다
dobro [도브로] 좋은

slažem se [쓸라쥄 쎄] (내가) 동의하다

물론이지.

N .

그래.

V .

좋아요.

D .

동의합니다.

se.

당연하죠?

da ne?

Q 전화 통화할 때 추임새처럼 넣을 수 있는 긍정 표현이 있나요?

상대방과의 통화 중 '네, 네.' 또는 '응, 응.'하고 추임새를 넣는 것처럼, 세르비아어에도 통화할 때 쓰이는 비슷한 추임새 표현들이 있습니다. 친하거나 같은 또래일 경우에는 'Ajde.'라고 하며, 존칭을 써야 하는 사이라면 'Razumem.'와 같은 표현들을 사용합니다. 'Ajde.'는 'hajdemo [하이데모] (~하자)'의 줄임 표현입니다. `90p. 줄임 표현 참고`

아이데
Ajde.   응.

↳ 친한 사이에서 쓰이는 표현입니다.

라주멤
Razumem.   (내가) 이해했습니다. (= 알겠습니다.)

예 리 따꼬   다 리 예 따꼬
Je li tako? = Da li je tako?   그런가요?

지식 플러스

전화를 받았을 때 '여보세요?'는 'Halo. [할로]'라고 합니다.

부정 표현하기

🎧 01-41

거절의 표현은 조심스러운 표현 중 하나입니다. 세르비아인들의 호의에 자칫 실례될 수 있는 표현이므로 거절하거나 부정적인 내용을 전할 때는 직접적인 표현보다 우회해서 표현하는 것이 좋습니다. 가장 많이 쓰이는 표현으로 'Ne, hvala.'가 있습니다. 이 표현은 식당이나 카페 등에서 서비스를 거절할 때도 자주 쓰이는 표현입니다.

핵심 표현

네   흐왈라

Ne, hvala.

괜찮아요. (직역: 아니요, 괜찮습니다.)

단어

hvala [흐왈라] 감사합니다

네　　모구
Ne mogu.

할 수 없어.

이즈비니
Izvini.

미안해.

비체　　네끼　　드루기　　뿌뜨
Biće neki drugi put.

다른 기회가 또 있을 거야.

좌오　미　예
Žao mi je.

유감입니다.

> 상대에게 조의(弔意)를 표할 때도 쓸 수 있는 표현입니다.

 **엿보기 단어**

mogu [모구] (내가) 할 수 있다	**drugi** [드루기] 다른, 두 번째
izvini [이즈비니] 미안하다	**put** [뿌뜨] 길, 방법
neki [네끼] 여럿, 몇몇 개의	**žao** [좌오] 유감

괜찮아요. (직역: 아니요, 괜찮습니다.)

Ne,   .

할 수 없어.

Ne   .

미안해.

I   .

다른 기회가 또 있을 거야.

Biće neki   .

유감입니다.

Žao   .

질문 있어요!

Q 세르비아어로 '아니다'는 말 그대로 '아니다'를 의미하나요?

한국어에서는 '너 거기 안 갈래?'라고 물어보면 '응, 안 갈래.'라고 대답합니다. 하지만, 세르비아어로는 '아니, 안 갈래.'라고 대답합니다. 한국어가 질문 자체에 대한 그렇다/아니다의 대답을 한다면, 세르비아어는 행위나 사건 자체를 두고 그렇다/아니다를 대답합니다.

온　네　라디　따모
A: On ne radi tamo.　　　　　　그는 거기에서 일하지 않아.

네　네　라디
B: Ne, ne radi.　　　　　　응. (그는) 일하지 않아.

➡ 그가 일하는 행위를 하지 않기 때문에
　　ne(아니다)가 '맞다, 응'의 의미를 가집니다.

쌍일　네　볼리　찌가레떼
A: Sangil ne voli cigarete.　　　상일이는 담배를 좋아하지 않아.

네　네　볼리
B: Ne, ne voli.　　　　　　응. (그는) 좋아하지 않아.

➡ 상일이 담배 피우는 행위를 좋아하지 않기 때문에
　　ne(아니다)가 '맞다, 응'의 의미를 가집니다.

 엿보기 단어

---

cigarete [찌가레떼] 담배를 (cigareta의 복수목적격)

취미 말하기

🎧 01-43

「Volim da+동사(취미)」 구조를 활용하여 '내가 (취미) 하는 것을 좋아한다'라는 표현을 만들 수 있습니다. 여기서 **da**는 동사와 동사를 연결하는 역할을 합니다.

핵심 표현

볼림　　　다　　　글레담　　　뻴모베

Volim da gledam filmove.

저는 영화 보는 것을 좋아합니다.

단어를 바꿔서 표현해 보세요.

učim [우췸] (내가) 공부하다

putujem [뿌뚜옘] (내가) 여행하다

slikam [쓸리깜] (내가) 사진 찍다

studiram [쓰뚜디람] (내가) 연구하다

단어

volim [볼림] (내가) 좋아하다

gledam [글레담]
(내가 영화나 TV 등을) 보다

filmove [뻴모베] 영화들을
(film의 복수목적격)

televiziju [뗄레비지유] TV를
(televizija의 목적격)

Tip

● gledam 동사 *vs.* vidim 동사

gledam 동사는 무언가를 보는 대상이 있을 때 사용합니다. 목적 없이 단순히 '본다'라는 것을 표현할 때에는 vidim 동사를 사용합니다.

Gledam televiziju. [글레담 뗄레비지유]　　(내가) 텔레비전을 본다.

Vidim reku. [비딤 레꾸]　　　　　　　　(내가) 강을 본다.

볼림　다　취땀　끄니이게
Volim da čitam knjige.

저는 책 읽는 것을 좋아합니다.

볼림　다　이그람　뿌드발
Volim da igram fudbal.

저는 축구하는 것을 좋아합니다.

므노고　볼림　다　쓰비람　끌라비르
Mnogo volim da sviram klavir.

저는 피아노 연주하는 것을 매우 좋아합니다.

네　볼림　다　쓸루샴　무지꾸
Ne volim da slušam muziku.

저는 음악 듣는 것을 안 좋아합니다.

 엿보기 단어

čitam [취땀] (내가) 읽다
knjige [끄니이게] 책들
igram [이그람] (내가 게임이나 놀이 등을) 하다
fudbal [뿌드발] 축구

sviram [쓰비람] (내가) 연주하다
klavir [끌라비르] 피아노
slušam [쓸루샴] (내가 어떤 노래나 음악을) 듣다
muziku [무지꾸] 음악을 (muzika의 목적격)

저는 영화 보는 것을 좋아합니다.

Volim da .

저는 책 읽는 것을 좋아합니다.

Volim da .

저는 축구하는 것을 좋아합니다.

Volim da .

저는 피아노 연주하는 것을 매우 좋아합니다.

Mnogo volim da .

저는 음악 듣는 것을 안 좋아합니다.

Ne volim da .

질문 있어요!

세르비아인들은 쉬는 날 주로 무엇을 하나요?

세르비아 카페의 야외 풍경

세르비아인들은 하루에도 몇 잔씩 커피를 마실 만큼 커피를 사랑합니다. 그만큼 예쁘고 분위기 좋은 카페도 많습니다. 특히, 강가 주변의 카페들은 인기가 많기 때문에 항상 북적이는 인파들로 가득합니다. 베오그라드에는 사바강과 두나브강 사이로 수많은 카페가 있습니다. 쉬는 날이면 카페에서 지인들과 커피를 마시며 여유로운 시간을 즐기는 것이 일상화되어 있습니다.

베오그라드 거리의 오후 풍경

늦은 오후가 되면, 베오그라드 거리에는 노을을 보며 와인을 마시는 세르비아인들을 흔히 볼 수 있습니다.

볼림   에쓰쁘레쏘
Volim espreso.

저는 에스프레소가 좋아요.

삐옘   에쓰쁘레쏘
Pijem espreso.
(내가) 마시다

저는 에스프레소를 마셔요.

볼림   다   삐옘   에쓰쁘레쏘
Volim da pijem espreso.

저는 에스프레소 마시는 것을 좋아해요.

명절/기념일 인사하기

🎧01-45

세르비아에서 부활절과 크리스마스는 가장 큰 기념일이며, 1년 중 가장 기다려지는 휴일입니다. 세르비아 국민 80% 이상이 세르비아 정교회를 믿는 만큼, 종교적인 행사의 중요성은 당연한 것일 수 있습니다. 부활절과 성탄절에는 서로 주고받는 인사말이 따로 있습니다. 세르비아 문화를 알고 있다는 좋은 인상을 남길 수 있도록 인사 표현을 미리 익혀 보세요.

★ ★ ★ ★

핵심 표현

쓰레챤　　　　　단　　　　오쓸로보제냐　　　　베오그라다

Srećan Dan oslobođenja Beograda!

행복한 베오그라드 독립기념일 되세요!

단어를 바꿔서 표현해 보세요.

Božić [보쥐치] 크리스마스

Uskrs [우쓰끄르쓰] 부활절

단어

Dan oslobođenja
Beograda

[단 오쓸로보제냐 베오그라다]

베오그라드 독립기념일

부활절

건네는 말

흐리쓰또쓰　바스끄르쎄
Hristos vaskrse!

행복한 부활절입니다!

> 세르비아의 부활절과 크리스마스에는 서로 주고받는 인사말이 서로 다릅니다.

받는 말

바이쓰띠누　바쓰끄르쎄
Vaistinu vaskrse!

행복한 부활절입니다!

크리스마스

건네는 말

흐리쓰또쓰　쎄　로디
Hristos se rodi!

메리 크리스마스!

받는 말

바이쓰띠누　쎄　로디
Vaistinu se rodi!

메리 크리스마스!

 **지식 플러스**

세르비아의 부활절과 크리스마스에는 주고받는 인사말이 서로 다릅니다. 의미는 같으나 상대의 인사말에 다른 단어를 사용하여 답변합니다. 각 단어들은 고어로 일상생활에서는 대부분 쓰이지 않고 기념일에만 한 문장으로 쓰이기 때문에 단어별로 익히기보다 한 문장으로 외우는 것이 좋습니다.

행복한 베오그라드 독립기념일 되세요!

Srećan   !

건네는 말 : 행복한 부활절입니다!

vaskrse!

받는 말 : 행복한 부활절입니다!

vaskrse!

건네는 말 : 메리 크리스마스!

se rodi!

받는 말 : 메리 크리스마스!

se rodi!

질문 있어요!

세르비아에서는 부활절에 무엇을 하나요?

부활절 달걀

부활절 아침이 되면, 준비해 놓은 알록달록한 달걀을 가지고 이웃집을 돌면서 함께 달걀 깨기를 합니다. 미리 준비한 달콤한 쿠키와 케이크 등을 커피와 함께 즐기며 서로의 안부를 묻고 즐거운 수다를 떨기도 합니다. 세르비아의 부활절은 종교적인 기념일이지만 지금은 단순히 가족을 만나러 고향에 가는 날 정도로 의미가 희석되어 있기 때문에 어떻게 보면 한국의 명절 풍경과 비슷하다고 할 수 있습니다.

지식 플러스

오늘날 수도인 베오그라드와 젊은 세대를 중심으로 종교와 관련한 휴일과 관습(슬라바, 부활절, 크리스마스 등)들이 종교적 색채는 줄어들고 단순한 가족모임 정도로 그 의미가 희석되고 있습니다.

기본 응답 표현하기

🎧 01-47

'네./아니요.'는 'Da. / Ne.'로 표현할 수 있습니다. 단순히 이 두 단어로만 응답하면 실례가 될 수 있으므로, 뒤에 이유를 말하는 것이 좋습니다. 하지만 긴 대화가 어려울 때는 세르비아어에 미숙하다는 표현으로 응답을 하거나 말이 빨라서 다시 듣고 싶다는 표현인 'Molim? [몰림](뭐라고요?)'이라고 되묻는 것이 좋습니다.

네   고보림   도브로   쓰릅쓰끼

Ne govorim dobro srpski.

저는 세르비아어를 잘 할 줄 몰라요.

단어

ne [네] 아니다
govorim [고보림]
(나는) 말하다
srpski [쓰릅쓰끼] 세르비아어

Ne govorim
dobro srpski.

다　　네
Da. / Ne.

네. / 아니요.

네　　즈남
Ne znam.

저는 모릅니다.

네　　라주멤
Ne razumem.

저는 이해하지 못했어요.

우침　　쓰릅쓰끼
Učim srpski.

저는 세르비아어를 배우고 있어요.

 엿보기 단어

znam [즈남] (나는) 알다   učim [우침] (나는) 배우다

razumem [라주멤] (내가) 이해하다

저는 세르비아어를 잘 할 줄 몰라요.

Ne govorim dobro   .

네. / 아니요.

      . /   .

저는 모릅니다.

Ne   .

저는 이해하지 못했어요.

Ne   .

저는 세르비아어를 배우고 있어요.

Učim   .

Q. 세르비아인들은 외국인에게 주로 어떤 질문을 하나요?

세르비아에서 세르비아어를 하는 외국인은 극히 드뭅니다. 그중에서도 동양인이 세르비아어를 하는 경우는 더욱 드뭅니다. 세르비아인들에게 세르비아어로 인사를 하거나 말을 건넨다면 신기하고 반가워하며 이런저런 질문을 많이 받을 수 있습니다. 보통 세르비아어를 어떻게 할 줄 아느냐는 질문부터 세르비아에 대한 생각과 느낌이 어떤지 등을 물어봅니다. 이러한 질문들에 대비하여 미리 답변을 준비하는 것도 현지인들과 빨리 친해질 수 있는 좋은 방법 중 하나입니다.

다 리 고보리떼 쓰릅쓰끼
Da li govorite srpski? 세르비아어 할 줄 아시나요?

다 리 쓰떼 쁘르비 뿌뜨 우 쓰르비이
Da li ste prvi put u Srbiji? 세르비아 처음이신가요?

⤷ **drugi put** [드루기 뿌뜨] 두 번째
treći put [뜨레치 뿌뜨] 세 번째

엿보기 단어

govorite [고보리떼] (당신께서) 말하다
ste [쓰떼] (당신께서) ~이다/~에 있다

prvi put [쁘르비 뿌뜨] 처음, 첫 번째

IDEMO!

생활 표현
익히기

AJDE!!

장소 묻기

🎧 02-01

장소 묻기는 여행 중 알아야 하는 필수 표현 중 하나입니다. 'gde(어디)'를 활용하여 간단하게 장소나 위치를 물어볼 수 있습니다. 'Gde je ~?'는 '~이 어디에 있나요?'라는 의미로, 뒤에 찾는 장소를 넣어서 다양한 질문이 가능합니다. 장소명의 남성/여성/중성형에 관계없이 사용할 수 있는 표현입니다. '화장실'은 toalet[또알레뜨]이지만, 현지에서는 영어인 WC를 더 많이 사용합니다.

핵심 표현

그데 예 베쩨

Gde je WC?

화장실은 어디에 있나요?

↘ 문장 앞에 'Izvinite [이즈비니떼] 실례합니다.' 표현을 붙이면 더 공손한 표현이 됩니다.

단어를 바꿔서 표현해 보세요.

fakultet [빠꿀떼뜨] 대학교

hotel [호뗄] 호텔

policija [뽈리찌야] 경찰서

banka [반까] 은행

bolnica [볼니짜] 병원

단어

WC [베쩨] 화장실

↘ ※ 집과 거리에 있는 공용화장실 모두를 포괄하는 단어입니다.

Tip
● fakultet의 의미
영어의 faculty(학부)와 같은 의미입니다. 세르비아의 대학교는 한국처럼 캠퍼스 위주가 아니라, 단과대학 위주로 구성되어 있는 경우가 많습니다. 일상생활에서 대학교를 이야기할 때도 학부를 대학교라고 말하는 경향이 있습니다.

Studiram na fakultetu. [쓰뚜디람 나 빠꿀떼뚜] 저는 대학교에서 공부하고 있습니다.

그데 예 아우또부쓰까 쓰따니짜
Gde je autobuska stanica?

버스 정류장이 어디에 있나요?

다 리 예 오보 뜨람바이쓰까 쓰따니짜
Da li je ovo tramvajska stanica?

이것이 트램 정류장인가요?

*ovo [오보] 이것 / to [또] 그것 / ono [오노] 저것

다 리 예 네끼 레쓰또란 블리주
Da li je neki restoran blizu?

주변에 식당이 있나요?

그데 예 비오쓰꼬쁘
Gde je bioskop?

영화관은 어디에 있나요?

> 일부 세르비아인들은 gde [그데]를 de [데]에 가깝게 빠르게 발음하는 경향이 있습니다.

 엿보기 단어

autobuska stanica [아우또부쓰까 쓰따니짜] 버스 정류장	restoran [레쓰또란] 식당
tramvajska stanica [뜨람바이쓰까 쓰따니짜] 트램 정류장	blizu [블리주] 주변

화장실은 어디에 있나요?

Gde je   **?**

버스 정류장이 어디에 있나요?

Gde je   **stanica?**

이것이 트램 정류장인가요?

Da li je ovo   **?**

주변에 식당이 있나요?

Da li je   **blizu?**

영화관은 어디에 있나요?

Gde je   **?**

거리마다 보이는 '그라피티'

세르비아에서는 건물 벽면에 '그라피티(grafiti [그라삐띠])'가 그려져 있는 모습을 흔히 볼 수 있습니다. 그중에는 아무 의미 없이 그린 낙서 같은 그라피티도 있고 하나의 작품처럼 정교한 그림의 그라피티도 있습니다. 그라피티는 정부에 저항하기 위해 시작된 것으로 알려져 있으나, 1990년대 유고슬라비아 해체 이후에는 자기표현의 한 형태로 인식되고 있습니다. 지금은 정부에서도 하나의 예술로 승화시키려는 움직임이 나타나고 있습니다.

벽에 그려진 다양한 그라피티

 지식 플러스

세르비아의 도시는 시내(centar [쩬따르])와 시내가 아닌 곳으로 나뉩니다. 주로 도시 중심에 위치한 시내에는 많은 사람이 살고 있으며 다양한 편의시설이 밀집해 있기 때문에 시내 안에 있는 장소들을 묻는 경우가 많습니다.

그데 예 아뽀떼까 우 쩬뜨루
Gde je apoteka u centru?
　　　　약국

시내에 있는 약국은 어디에 있나요?

길 묻기

🎧 02-03

세르비아의 주소는 대부분 거리명을 중심으로 이루어져 있습니다. 거리마다 각각의 이름과 번호가 있지만, 시골이나 작은 도시로 갈수록 거리명이 발달되지 않아서 우편 사서함 번호가 주소를 대신하는 경우도 있습니다.

핵심 표현

나　꼬요이　쓰뜨라니　예　뽀슈따
Na kojoj strani je posta?

우체국이 어느 쪽에 있나요?

단어를 바꿔서 표현해 보세요.

ova adresa [오바 아드레싸] 이 주소

crkva [쯔르끄바] 교회

stanica [쓰따니짜] 역

prodavnica [쁘로다브니짜] 상점

단어

posta [뽀슈따] 우체국
na kojoj strani
[나 꼬요이 쓰뜨라니] 어느 쪽에
strana [쓰뜨라나] ～쪽

Tip

● na kojoj strani의 장소격 변화 과정
strana는 '-a'로 끝나는 여성명사로서 strana에 붙는 형용사는 여성 형태를 띠게 됩니다. 따라서, '어느 쪽'이라는 단어는 'koja strana[꼬야 쓰뜨라나]'가 됩니다. 여기서, '어느 쪽에 ～'라는 말을 만들기 위해서는 '～에'라는 뜻을 가진 전치사 na를 'koja strana' 앞에 붙이고 'koja strana'가 장소격으로 변화되어 'kojoj strani'가 됩니다.

na kojoj strani [나 꼬요이 쓰뜨라니]　　어느 쪽에 ～

까꼬　　모구　　다　　쓰띠그넴　우　쩬따르
Kako mogu da stignem u centar?

시내로 어떻게 갈 수 있나요?

꼴리꼬　　　두고　　뜨라예　뿌뜨
Koliko dugo traje put?

얼마나 걸리나요?

다　리　　모줴　　다　쎄　이데　빼슈께
Da li može da se ide peške?

걸어서 갈 수 있나요?

몰림　　바쓰　　나　오부　　아드레쑤
Molim Vas, na ovu adresu.

이 주소로 부탁드립니다.

※택시에서 활용할 수 있는 표현입니다.

 엿보기 단어

stignem [쓰띠그넴] (내가) 가다	**traje** [뜨라예] (시간, 돈 등이) 걸리다
dugo [두고] 긴	**peške** [빼슈께] 걸어서

우체국이 어느 쪽에 있나요?

Na kojoj strani je   **?**

시내로 어떻게 갈 수 있나요?

Kako   **u centar?**

얼마나 걸리나요?

Koliko dugo   **?**

걸어서 갈 수 있나요?

Da li može   **?**

이 주소로 부탁드립니다.

Molim Vas,   **.**

세르비아의 명동 '미하일로 왕의 거리'

베오그라드의 미하일로 왕의 거리

베오그라드 중심에 위치해 있는 쇼핑의 거리인 '미하일로 왕의 거리(Knez Mihailova [끄네즈 미하일로바])'는 세르비아 왕자인 '미하일로 오브레노비치 3세(Mihailo Obrenović)'의 이름을 따온 거리명입니다. 다양한 카페와 식당들이 위치해 있어서 사람들이 가장 많이 몰리는 곳으로 한국의 명동과 같은 곳이라고 할 수 있습니다. 국립극장과 국립 박물관을 비롯하여 여러 역사적인 건물도 많아서 여행객들에게도 인기가 많습니다. 보통 밤 12시까지 영업하는 상점들과 항상 북적이는 인파로 인해 언제나 젊음과 활기가 넘치는 거리입니다.

비디모   쎄 우   쩬뜨루
Vidimo se u centru!   시내에서 만나!

나 꼬요이 쓰뜨라니 예 쩬따르
Na kojoj strani je centar?   시내가 어느 쪽에 있어?

➡ 베오그라드 사람들이 말하는 '시내'는 '미하일로 왕의 거리' 혹은 '공화국 광장'을 의미합니다.

위치 말하기

🎧 02-05

'이곳, 저곳, 왼쪽, 오른쪽' 등 자신을 기준으로 대략적인 위치를 나타낼 수 있는 단어들은 미리 익혀 두는 것이 좋습니다. 「명사+je」 구조는 '~입니다'라는 의미로, 말하고자 하는 명사(위치)를 넣어서 간단하고 다양한 위치 표현이 가능합니다.

핵심 표현

레보   예

Levo je.

왼쪽입니다.

단어를 바꿔서 표현해 보세요.

desno [데쓰노] 오른쪽

ovde [오브데] 이곳

tamo [따모] 그곳

istok [이쓰똑] 동쪽

zapad [자빠드] 서쪽

jug [유그] 남쪽

sever [쎄베르] 북쪽

단어

levo [레보] 왼쪽

 Tip 한국에서 주로 '유고'라고 불리었던 유고슬라비아(Jugoslavija)는 '남슬라브인들의 나라'라는 뜻을 가지고 있습니다. Jugoslavija의 Jug는 '남쪽'을 의미합니다.

아쁘떼까　예　따모

Apoteka je tamo.

그곳은 약국입니다.

이디떼　데쓰노

Idite desno.

오른쪽으로 가세요.

우　쩬뜨루　예

U centru je.

시내에 있습니다.

쩬따르　예　쁘라보

Centar je pravo.

앞쪽에 시내가 있습니다.

 **엿보기 단어**

idite [이디떼] ～ 가세요　　　　　　　　　pravo [쁘라보] 앞쪽
u centru [우 쩬뜨루] 시내에

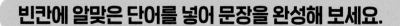
왼쪽입니다.

je.

그곳은 약국입니다.

je tamo.

오른쪽으로 가세요.

desno.

시내에 있습니다.

je.

앞쪽에 시내가 있습니다.

Centar je   .

세르비아에서 길 찾기

세르비아 표지판의 특징은 라티니짜와 치릴리짜 표기가 혼용된 표지판이라는 점입니다. 세르비아어는 라티니짜와 치릴리짜를 모두 사용하고 있기 때문에 라티니짜와 치릴리짜가 위아래로 병기된 표지판의 형태를 자주 볼 수 있습니다. 다만, 몇몇 표지판들은 치릴리짜로만 적혀있는 경우도 있으므로 관련 표현을 미리 익혀두는 것이 좋습니다.

위 : 치릴리짜, 아래 : 라티니짜

학교 구역 (어린이 보호 구역) :
라 Zona škole
치 Зона школе
[조나 슈꼴레]

주차금지 :
라 Ne parkiraj
치 Не паркирај
[네 빠르끼라이]

 **지식 플러스**

Idite는 '~ 가세요'라는 명령어입니다. 'Molim Vas.(부탁합니다.)'를 앞 또는 뒤에 붙이면 조금 더 공손한 표현이 됩니다.

몰림 바쓰 이디떼 따모
Molim Vas idite tamo. 그곳으로 가주세요.

버스/기차표 구입하기

🎧 02-07

세르비아는 국내선 항공편이 발달하지 않아서 국내를 이동할 때는 버스나 기차를 이용하는 것이 편리합니다. 'povratna^(왕복)'와 'u jednom pravcu^(편도)' 단어를 활용하여 티켓 구매 표현들을 익혀 보세요.

 핵심 표현

까르뚜　자　베오그라드　몰림　바쓰

Kartu za Beograd, molim Vas.

베오그라드로 가는 티켓 부탁드립니다.

단어를 바꿔서 표현해 보세요.

Niš [니쉬] 니쉬

Novi Sad [노비 싸드] 노비 사드

Kosjerić [꼬씨에리치] 꼬시예리치

Čačak [촤촥] 차착

단어

kartu [까르뚜]
티켓을 (karta의 목적격)
Molim Vas [몰림 바쓰]
부탁합니다

Tip 'Molim Vas'는 영어의 please와 같은 의미로, 문장의 앞 또는 뒤에 쓰여 공손한 표현을 나타냅니다.

몰림　바쓰　다이떼　미　까르뚜　자　베오그라드
Molim Vas, dajte mi kartu za Beograd. 베오그라드로 가는 티켓 부탁드립니다.

뽀브라뜨누　까르뚜　몰림　바쓰
Povratnu kartu, molim Vas. 왕복 티켓 부탁드립니다.

뽀브라뜨누 　　까르뚜　　 몰림　　 바쓰
Povratnu kartu, molim Vas.

왕복 티켓 부탁드립니다.

까르뚜　우　 예드놈　　 쁘라브쭈　　 몰림　　 바쓰
Kartu u jednom pravcu, molim Vas.

편도 티켓 부탁드립니다.

꼴리꼬　　 꼬슈따　　 까르따
Koliko košta karta?

티켓 얼마인가요?

> 문장 앞에 'Izvinite [이즈비니떼] 실례합니다'를 먼저 말한 뒤에 질문하면 더 공손한 표현이 됩니다.

까다　　 뽈라지　　 아우또부쓰
Kada polazi autobus?

버스가 언제 출발하나요?

> ● autobus = bus [부쓰]
> 표준어는 아니지만 일상생활에서는 bus를 주로 사용합니다.

 엿보기 단어

povratnu kartu [뽀브라뜨누 까르뚜]
왕복 티켓을 (povratna karta의 목적격)

u jednom pravcu [우 예드놈 쁘라브쭈] 편도

polazi [뽈라지] (그가/그녀가/그것이) 출발하다

autobus [아우또부쓰] 버스

베오그라드로 가는 티켓 부탁드립니다.

Kartu za   **, molim Vas.**

왕복 티켓 부탁드립니다.

, molim Vas.

편도 티켓 부탁드립니다.

, molim Vas.

티켓 얼마인가요?

Koliko   **karta?**

버스가 언제 출발하나요?

Kada   **autobus?**

버스 표 예매하기

세르비아의 '버스 표'와 버스 내부

세르비아에서 버스 표를 구매할 때는 온라인 결제 지원이 되지 않는 관계로 버스터미널에 직접 가서 표를 예매 또는 구매해야 합니다. 산지가 많은 지형적 특성으로 산을 피해 돌아가야 하기 때문에 같은 거리라도 다른 나라에 비해서 버스 이동 시간이 더 많이 걸리는 편입니다. 또한, 버스터미널 주변은 치안이 안 좋기 때문에 소매치기 등을 항상 조심해야 하며 늦은 밤에 출발하거나 도착하는 버스는 피하는 것이 좋습니다.

까다 돌라지 아우또부쓰 브로이 췌뜨르데쎄뜨 드바
Kada dolazi autobus broj 42?　　　42번 버스 언제 오나요?

까다 뽈라지 아우또부쓰 자 촤착
Kada polazi autobus za Čačak?　　　차착 행 버스 언제 출발하나요?

 지식 플러스

세르비아 고속도로에도 휴게소가 있습니다. 다만, 휴게소에 위치한 화장실은 유료 화장실인 경우가 많으므로 여분의 잔돈을 준비하는 것이 좋습니다.

택시 타기

🎧 02-09

세르비아에는 지하철이 없고 도시와 도시를 연결하는 대중교통의 배차 간격 또한 긴 편이어서 여행객들은 택시를 자주 이용합니다. 택시 이용 시 필요한 간단한 표현들을 익혀 보세요.

몰림　　바쓰　　도　　쩬따라
Molim Vas, do centara.

시내로 갑시다. (직역: 시내로 부탁드립니다.)

다양한 목적지를 넣어서 표현해 보세요.

do는 '~까지'라는 뜻으로, do 다음에는 소유격으로 변화합니다.

뜻	주격	소유격
시내	centar [쩬따르]	centara [쩬따라]
교회	crkva [쯔르끄바]	crkve [쯔르끄베]
공원	park [빠르끄]	parka [빠르까]
공항	aerodrom [아에로드롬]	aerodroma [아에로드로마]
식당	restoran [레쓰또란]	restorana [레쓰또라나]
역	stanica [쓰따니짜]	stanice [쓰따니쩨]

 '오다, 가다' 등의 이동을 나타내는 동사 뒤에 위치하는 명사는 목적격으로 변화합니다. '-a'로 끝나는 여성명사는 '-u'로 변화하고, '-o' 또는 '-e'로 끝나는 중성명사와 자음으로 끝나는 남성명사는 목적격 변화 형태가 주격과 같습니다.

이디떼   브르조   몰림   바쓰

Idite brzo, molim Vas.

빨리 가주세요.

이디떼   뽈라꼬   몰림   바쓰

Idite polako, molim Vas.

천천히 가주세요.

모줴   오브데

Može ovde.

이곳에 내려주세요. (직역: 여기 가능합니다.)

이즈볼리떼   흐왈라

Izvolite, hvala.

여기 있습니다, 감사합니다.

※ 현금이나 카드 등을 건네줄 때 사용할 수 있는 표현입니다.

 엿보기 단어

brzo [브르조] 빠른   ovde [오브데] 여기
polako [뽈라꼬] 천천히   izvolite [이즈볼리떼] 여기 있습니다

시내로 갑시다. (직역: 시내로 부탁드립니다.)

Molim Vas, do   .

빨리 가주세요.

Idite   **, molim Vas.**

천천히 가주세요.

Idite   **, molim Vas.**

이곳에 내려주세요. (직역: 여기 가능합니다.)

Može   .

여기 있습니다. 감사합니다.

Izvolite,   .

SERBIA 문화탐방

택시 타기

세르비아 택시

세르비아에서 택시를 잡을 때는 한국과 같이 길가에서 택시를 향해 손을 들면 빈 택시가 정차합니다. 그러나 세르비아어를 못하거나 현지 사정을 잘 모르는 외국인이라는 것이 드러난다면 바로 바가지요금을 부르는 경우가 많기 때문에 휴대폰 앱을 통한 콜택시를 이용하거나 호텔 프런트에서 택시 호출을 부르는 편이 안전합니다. 콜택시 애플리케이션으로는 'Yandex, Pink taxi' 등이 있으며 휴대폰 앱스토어에서 다운로드할 수 있습니다. 또한, 택시 번호판 뒷자리가 TX로 끝나지 않으면 불법 택시이므로 탑승 전에 번호판을 유의해서 확인하는 것이 좋습니다. 세르비아의 택시들은 회사별로 차량 컬러가 다르거나 고유 컬러가 없는 택시도 많기 때문에 번호판의 TX 표시와 차량 위쪽의 택시 표시로 택시 차량을 구분합니다.

몰림 바쓰 라춘
Molim Vas, račun. 영수증 부탁합니다.

그데 이데모
A: Gde idemo? 어디로 갈까요?

이데모 우 쩬따르
B: Idemo u centar. 시내로 갑시다.

➡ 'Kuda idemo?'가 문법적으로 맞는 표현이지만,
현지에서는 'Gde idemo?' 표현을 주로 사용합니다.

시내버스/트램 타기

🎧 02-11

시내버스나 트램을 탈 때는 교통카드를 구매한 후, 충전한 교통카드를 사용하는 것이 좋습니다. 버스 및 트램을 이용할 때 필요한 교통카드 구매 표현과 요금 지불 표현 등을 미리 익혀두면 유용하게 활용할 수 있습니다.

꼬이　예　브로이　　아우또부싸　　자　　쩬따르

Koji je broj autobusa za centar?

시내로 가는 것은 몇 번인가요?

다양한 목적지를 넣어서 표현해 보세요.

za는 '~을 위하여'라는 뜻으로, za 다음에는 목적격으로 변화합니다.

뜻	주격	목적격
깔레메그단	Kalemegdan [깔레메그단]	Kalemegdan [깔레메그단]
스타리 그라드 (옛 도심)	Stari grad [쓰따리 그라드]	Stari grad [쓰따리 그라드]
박물관	muzej [무제이]	muzej [무제이]
두나브강	reka Dunav [레까 두나브]	reku Dunav [레꾸 두나브]
대사관	ambasada [암바싸다]	ambasadu [암바싸두]
역	stanica [쓰따니짜]	stanicu [쓰따니쭈]

단어

broj autobusa
[브로이 아우또부싸] 버스 번호

응용 표현 익히기

🎧 02-12

다 리 이데떼 우 쩬따르
Da li idete u centar?

(당신은) 시내로 가나요?

그데 예 아우또부쓰 자 제문
Gde je autobus za Zemun?

제문으로 가는 버스가 어디에 있나요?

다 리 오바이 아우또부쓰 이데 우 쓰따리 그라드
Da li ovaj autobus ide u Stari grad?

이 버스는 옛 도심으로 가나요?

쥅림 다 이뎀 우 암바싸두
Želim da idem u ambasadu.

(저는) 대사관으로 가고 싶습니다.

 **엿보기 단어**

idete [이데떼] (당신이) 가다　　　　　　　idem [이뎀] (내가) 가다
ovaj [오바이] 이

시내로 가는 것은 몇 번인가요?

Koji je broj autobusa za   ?

(당신은) 시내로 가나요?

Da li   u centar?

제문으로 가는 버스가 어디에 있나요?

**   autobus za Zemun?**

이 버스는 옛 도심으로 가나요?

Da li ovaj autobus   u Stari grad?

(저는) 대사관으로 가고 싶습니다.

Želim da idem   .

세르비아의 대중교통

세르비아는 시내버스나 트램 등의 대중교통에 많은 투자가 이루어지지 못하여 시설이 열악한 편입니다. 배차간격도 길어서 탑승객들도 많습니다. 특히, 출/퇴근 시간이나 저녁 시간대에는 만원 버스가 대부분이므로 세르비아 여행 중 대중교통을 이용해야 한다면 러시아워 시간대는 피하는 것이 좋습니다. 시내에서는 무임승차율도 높기 때문에 요금이 정상적으로 지불되지 않는 경우가 많아서 검표원이 외국인 위주로 탑승 표를 검사하는 경우도 있습니다. 또한, 한국과 마찬가지로 노인이나 임산부에게 자리를 양보해 주는 문화가 있습니다.

세르비아의 버스 정류장과 배차 시간표

 지식 플러스

www.gsp.rs에서 지도와 함께 대중교통 노선을 확인할 수 있습니다.

쇼핑하기 1

🎧 02-13

세르비아에도 대형 쇼핑몰부터 작은 소매점까지 다양한 종류의 상점들이 시내 곳곳에 위치해 있습니다. 그러나 한국과 같은 24시간 편의점이나 브랜드 매장들은 쉽게 볼 수 없습니다. 물건을 구매할 때 사용할 수 있는 표현들을 익혀 보세요.

★★★★★
핵심 표현

꼴리꼬   꼬슈따   오보
Koliko košta ovo?

이것은 얼마예요?

단어를 바꿔서 표현해 보세요.

voda [보다] 물

suvenir [쑤베니르] 기념품

karta [까르따] 티켓 (영화표, 입장권 등)

knjiga [끄니이가] 책

SIM kartica [씸 까르띠짜] 휴대폰 SIM 카드

Tip '얼마'의 뜻을 가지고 있는 의문사는 Koliko입니다. 베오그라드에서는 Kol'ko [꼴꼬]라고 줄여서 말하는 경우도 있습니다.

그데　모구　다　꾸뺌　오보

Gde mogu da kupim ovo?

(제가) 이것은 어디서 살 수 있나요?

다 리　이마떼　라끼유

Da li imate rakiju?

라끼야 있나요? (직역: 당신은 라끼야를 가지고 있나요?)

쁠라챰　까르띠쫌

Plaćam karticom.

카드로 계산할게요.

쁠라챰　깨숌

Plaćam kešom.

현금으로 계산할게요.

*159p. 지식플러스 참고

 엿보기 단어

kupim [꾸뺌] (내가) 사다
imate [이마떼] (당신이) ~을 가지다/가지고 있다
rakiju [라끼유] 라끼야를 (rakija의 목적격)
plaćam [쁠라챰] (내가) 결제하다

karticom [까르띠쫌] 카드로 (kartica의 도구격)
kešom [깨숌] 현금으로 (keš의 도구격)
　　　　　*gotovina의 비문

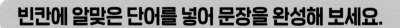

이것은 얼마예요?

Koliko košta   **?**

(제가) 이것은 어디서 살 수 있나요?

Gde   **ovo?**

라끼야 있나요? (직역: 당신은 라끼야를 가지고 있나요?)

Da li   **?**

카드로 계산할게요.

Plaćam   **.**

현금으로 계산할게요.

Plaćam   **.**

기념품으로 인기 있는 술 '라끼야'

라끼야 (Rakija)

세르비아의 대표적인 기념품으로 '라끼야'가 있습니다. 라끼야는 과일을 발효시켜 만든 증류주입니다. 살구, 포도, 사과, 자두 등의 과일로 만들어지며 자두로 만든 라끼야가 가장 많습니다. 주로 소규모 양조장에서 제조되며 공정 과정이 매우 긴 것으로 유명합니다. 최근에는 공장에서 만든 라끼야도 나오고 있지만 세르비아인들은 선호하지 않는 편입니다. 40~50도 정도로 높은 도수지만 향이 깊어서 마셨을 때 높은 도수에 비해 독한 느낌이 들지 않아 여성들이 많이 선호하는 편이기도 합니다.

 **지식 플러스**

● 현금으로 계산할게요.

문법적으로 바른 표현은 'Plaćam gotovinom.'이지만 일상생활에서는 영어 cash에서 온 단어인 keš를 더 많이 사용하기 때문에 'Plaćam gotovinom.'이라고 하면 오히려 어색해 하는 경향이 있습니다. 또한 식당이나 카페 등에서 결제할 때 종업원이 '카드로 (결제) 하실래요? 현금으로 (결제) 하실래요?'라는 질문으로 'Keš? Kartica?'라고 말하기도 합니다.

깨쉬 · 까르띠짜
Keš? Kartica?　　　　　　　　　　　카드로 (결제) 하실래요? 현금으로 (결제) 하실래요?

　　　뻴라참　깨숌　　고또비놈
➡ Plaćam kešom(gotovinom).　　　현금으로 계산할게요.

● gotovinom 도구격 변화

gotovinom의 명사는 gotovina입니다. 그러나, '~로'라는 뜻을 가지고 있을 경우에는 도구격 활용을 하기 때문에 gotovinom으로 변화하여 활용됩니다.

gotovina [고또비나] 현금　　➡　　gotovinom [고또비놈] 현금으로

쇼핑하기 2

🎧 02-15

물건을 구매하거나 원하는 물건이 있는지 물어볼 때 '~을/를'에 해당하는 목적격을 자주 사용합니다. 쇼핑 관련 명사의 목적격 변화 형태를 미리 익혀 두면 쉽게 회화를 구사할 수 있습니다.

핵심 표현

다 리   이마떼   블루주
Da li imate bluzu?

블라우스 있나요?

다양한 단어를 넣어서 표현해 보세요.

단어

bluzu [블루주]
블라우스를 (bluza의 목적격)

뜻	주격	목적격 (~을/를)
치마	suknja [쑤끄냐]	suknju [쑤끄뉴]
바지	pantalone [빤딸로네]	pantalone [빤딸로네]
티셔츠	majica [마이짜]	majicu [마이쭈]
재킷	jakna [야끄나]	jaknu [야끄누]

Tip '~을/를'에 해당하는 목적격은 주로 특정 단어나 전치사 뒤에 위치하는 경우가 많습니다. 특히, '가지다'를 뜻하는 imati 동사 다음에는 목적격이 위치합니다. 주격의 목적격 단어를 사용해야 비로소 '~을/를'이라는 의미가 붙을 수 있기 때문입니다.

[주격] bluza 블라우스 ➡ [목적격] bluzu 블라우스를

메니 예 따만

Meni je taman.

저는 좋아요.

> taman은 좋지도 안 좋지도 않은, 크거나 작지도 않은, 아주 딱 적당한 상태를 말합니다.

다 리 모구 다 쁘로밤

Da li mogu da probam?

제가 입어볼 수 있을까요?

> probam은 '(내가) 시도하다'라는 뜻이지만, '(내가) 입어보다/먹어보다'의 의미를 나타내기도 합니다.

모야 베리취나 예 에쓰 엘 엠

Moja veličina je S/L/M.

제 사이즈는 S/L/M입니다.

다체떼 미 오보

Daćete mi ovo.

이것 주세요. (직역: 당신은 이것을 줄 것입니다.)

＊관용표현

 엿보기 단어

meni [메니] 나에게는 (ja의 여격)
taman [따만] 좋은, 적절한
probam [쁘로밤] (내가) 시도하다

veličina [베리취나] 사이즈
daćete [다체떼] (~가) ~를 줄 것이다

블라우스 있나요?

Da li imate   ?

저는 좋아요.

**   je taman.**

제가 입어볼 수 있을까요?

Da li mogu da   ?

제 사이즈는 S/L/M입니다.

Moja   je S/L/M.

이것 주세요. (직역: 당신은 이것을 줄 것입니다.)

Daćete mi   .

세르비아의 전통시장

세르비아에서는 쇼핑몰보다 전통시장이 더 유명합니다. 전통시장에서는 신선하고 다양한 과일과 까이막, 치즈 등을 구매할 수 있습니다. 집에서 직접 만든 라끼야 등을 전통시장에서 판매하는 경우도 있는데 현지인들에게 인기가 많은 편입니다. 특히, 세르비아의 과일은 높은 신선도와 저렴한 가격으로 유명하기 때문에 여행객들이 시장을 방문했을 때 빠지지 않고 구매하는 품목 중 하나입니다. 세르비아에 방문한다면 전통시장에서 판매하는 신선한 과일 맛을 경험해 보세요.

세르비아의 전통시장

슈따 예 오보
Šta je ovo?   이것은 무엇인가요?

그데 예 까이마끄
Gde je kajmak?   까이막 어디에 있나요?

 지식 플러스

전통시장에서는 현금만 사용할 수 있으며, 세르비아 디나르만 통용되므로 미리 환전해 두는 것이 좋습니다.

계산하기

🎧 02-17

세르비아의 베오그라드를 제외한 지역에서는 카드 결제가 안되는 곳이 종종 있습니다. 계산할 때 카드 결제가 가능한지, 어떻게 결제할 수 있는지 등을 물어보는 표현으로 'Da li može ~?(~이 가능한가요?)'를 활용하여 간단하게 질문할 수 있습니다.

 핵심 표현

다 리 모줴 다 쎄 쁠라띠 까르띠쫌

Da li može da se plati karticom?

카드로 결제되나요?

다양한 단어를 넣어서 표현해 보세요.

뜻	주격	도구격 (~으로)
쿠폰	kupon [꾸뽄]	kuponom [꾸뽀놈]
바우처	vaučer [바우췌르]	vaučerom [바우췌롬]
수표	ček [췌끄]	čekom [췌꼼]
현금	keš [깨쉬]	kešom [깨숌]
상품권	poklon kartica [뽀끌론 까르띠짜]	poklon karticom [뽀끌론 까르띠쫌]

단어

plati [쁠라띠] (~가) 결제하다

 Tip

● Da li može ~? = Može li ~?

'Da li može ~?'는 '~해도 될까요?/되나요?'의 의미를 가진 'Može li ~?'의 표현으로 대체하여 사용할 수 있습니다. 그러므로 'Da li može karticom?'은 'Može li karticom?'으로 두 표현 모두 같은 의미를 나타냅니다.

Da li može karticom? = Može li karticom?   카드로 되나요?

모줴 리 께싸
Može li kesa?

봉투 주실 수 있나요? (직역: 봉투 되나요?)

＊ = Da li imate kesu? [다 리 이마떼 께쑤]
(당신은) 봉투 있나요?

몰림 바쓰 라춘
Molim Vas račun.

영수증 부탁드립니다.

이맘 까르띠쭈
Imam karticu.

저는 카드를 가지고 있습니다.

> imati ((내가) 가지고 있다) 동사 뒤에는 목적격이 위치해야 하므로 kartica(카드)의 목적격인 karticu를 사용합니다.

네맘 깨쉬
Nemam keš.

(저는) 현금이 없어요.

 엿보기 단어

kesa [께싸] 봉투

račun [라춘] 영수증

카드로 결제되나요?

Da li može da se plati   **?**

봉투 주실 수 있나요? (직역: 봉투 되나요?)

Može li   **?**

영수증 부탁드립니다.

Molim Vas   **.**

저는 카드를 가지고 있습니다.

Imam   **.**

(저는) 현금이 없어요.

Nemam   **.**

세르비아의 팁 문화

세르비아에는 팁 문화가 존재합니다. 식당이나 카페에서 팁을 줄 때는 보통 잔돈을 남기지 않는 선에서 반올림을 맞춥니다. 예를 들어, 650 din.(디나르)인 경우 50 din.를 팁으로 하고 1.900 din.인 경우 100 din.를 팁으로 하는 방식입니다. 또는, 가격의 5~10% 정도를 팁으로 주기도 합니다. 택시 탈 때도 같은 방식으로 팁을 지불합니다.

오보 예 자 바쓰
Ovo je za vas.   여기, 팁입니다. (직역: 이것은 당신 것입니다.)

우 레두 예
U redu je.   괜찮습니다.

✎ 상대가 잔돈을 주려고 할 때 쓸 수 있는 표현으로,
영어의 'Keep the change'와 유사합니다.

 **지식 플러스**

세르비아어의 숫자 표기는 천 단위를 점(.)으로 표기합니다. 한국어로 1,500(천오백)을 쓸 때 세르비아어로는 1.500으로 쉼표 대신 점으로 표기하는 방식입니다.

힐랴두 이 뺄쓰또
1.500   **hiljadu i petsto**   1,500 (천오백)

꼴리꼬 꼬슈따 오보
A: Koliko košta ovo?   이거 얼마예요?

힐랴두 디나라   힐랴두
B: 1.000 din. = Hiljadu.   1,000 디나르입니다.

✎ 회화에서는 화폐 단위인 'din.'을 생략하고
숫자만 말하는 경우가 많습니다.

불만 표현하기

🎧 02-19

상점 등에서 물건을 구매한 후, 교환이나 환불 또는 수리를 요청하는 표현은 '(내가) 원하다'라는 뜻을 가진 **želim** 동사를 이용하여 표현할 수 있습니다.

핵심 표현

쩰림   다   자메님   오보

Želim da zamenim ovo.

이것을 교환하고 싶습니다.

단어를 바꿔서 표현해 보세요.

vratim [브라띰] (내가) 반품하다

popravim [뽀쁘라빔] 수리하다

단어

želim [쩰림] (내가) 원하다

zamenim [자메님]

(내가) 교환하다

오브데　예　　오그레보띠나
Ovde je ogrebotina.
여기 흠집이 있습니다.

니쌈　　자도볼랸　　자도볼나
Nisam zadovoljan/zadovoljna.
(내가) 만족스럽지 못해요.

다 리　모줴　뽀브라뜨　노브짜
Da li može povrat novca?
환불이 가능합니까?

미쓸림　다　니예　도브로
Mislim da nije dobro.
(저는 이것이) 좋지 못한 것 같아요.

● da
'동사'와 '동사'를 연결하는 역할
Mislim + da + nije
= (내가) ~이 아니라고 생각한다

 엿보기 단어

ovde [오브데] 여기
ogrebotina [오그레보띠나] 흠집
nisam [니쌈] (내가) ~가 아니다/~에 없다
mislim [미쓸림] (내가) 생각하다

zadovoljan/zadovoljna
[자도볼랸/자도볼나] *m./f.* 만족스러운
povrat novca [뽀브라뜨 노브짜] 환불
nije [니예] (~가) ~이 아니다/~에 없다

이것을 교환하고 싶습니다.

Želim da   **ovo.**

여기 흠집이 있습니다.

Ovde je   **.**

(내가) 만족스럽지 못해요.

Nisam   **.**

        ↘ 말하는 이의 성별에 맞게 넣어 보세요.

환불이 가능합니까?

Da li može   **?**

(저는 이것이) 좋지 못한 것 같아요.

Mislim da nije   **.**

세르비아의 쇼핑 거리

벨그레이드 워터프론트

스카다를리야

세르비아에서 판매하는 전통 음식과 수공예품 및 직물 등은 일반적으로 품질이 좋은 편입니다. 전통 음식, 수공예품, 기타 전통적인 세르비아 기념품과 꿀, 프로폴리스 등은 주로 구시가지(Stari grad [스타리 그라드])에 몰려있습니다. 구시가지에 도르촐 시장과 스카다를리야가 있으며, 이곳에서 시장이 주기적으로 열립니다. 명품 옷과 가방 등의 유럽 전체에서 공통적으로 판매되고 있는 브랜드들은 미하일로 왕의 거리와 벨그레이드 워터프론트에 위치해 있습니다.

전통시장에서 쇼핑몰까지 다양한 쇼핑 거리와 지역을 알아봅시다.

● 미하일로 왕의 거리 (Knez Mihailova [끄네즈 미하일로바])
  베오그라드의 메인 거리로 현지 부티크부터 유명 브랜드, 명품 등을 구매할 수 있습니다.

● 벨그레이드 워터프론트 (Beograd na vodi [베오그라드 나 보디])
  베오그라드 사바 강변에 위치한 지역으로 새로 구축된 건물들이 자리 잡고 있습니다.
  이곳은 비교적 물가가 높고 간혹 한국보다 높은 물가를 보이기도 합니다.

● 제문 (Zemun [제문])
  두나브강과 맞은편에 위치한 사바강 건너편에 위치한 지역으로 신선한 농산물들이 유명합니다.

● 도르촐 시장 (Dorćol [도르촐])
  시내인 미하일로 왕의 거리 근처에 위치해 있으며, 벼룩시장이 자주 열리고 다양한 수공예품이나
  오래된 물품 등을 구매할 수 있습니다.

● 스카다를리야 (Skadarlija [쓰까다를리야])
  베오그라드의 보헤미안 지구로, 전통 레스토랑이 많고 수공예품을 판매하는 노점들이 유명합니다.

음식점 이용하기

🎧 02-21

세르비아의 음식들은 주로 짜고 단 음식이 많아서 주문하기 전에 어떤 맛인지 미리 확인하는 것이 좋습니다. 종업원과의 소통이 원활할 수 있도록 메뉴 요청 표현들을 익혀 보세요.

핵심 표현

다 리 예 오보 류또

Da li je ovo ljuto?

이것은 맵나요?

단어를 바꿔서 표현해 보세요.

slatko [쓸라뜨꼬] 단

slano [쓸라노] 짠

kiselo [끼쎌로] 신

vruće [브루체] 뜨거운

hladno [흘라드노] 차가운

toplo [또쁠로] 따뜻한

단어

ljuto [류또] 매운

Tip 세르비아의 음식들은 한국인들에게 짠 편에 속하지만 매운 음식은 거의 없습니다. 반대로, 세르비아인들에게 한국 음식은 달거나 맵게 느껴진다고 합니다.

이즈비니떼
Izvinite!

여기요!

※식당 등에서 종업원을 부를 때 사용할 수 있는 표현입니다.

몰림   바쓰   메니
Molim Vas, meni.

메뉴(판) 부탁해요.

다 리   이마떼   메니   나   엥글레쓰꼼
Da li imate meni na engleskom?

(당신은) 영어로 된 메뉴(판) 있나요?

슈따   쁘레뽀루츄예떼
Šta preporučujete?

(당신은) 무엇을 추천하나요?

 **엿보기 단어**

---

meni [메니] 메뉴(판)
na engleskom [나 엥글레쓰꼼] 영어로

preporučujete [쁘레뽀루츄예떼] (당신이) 추천하다

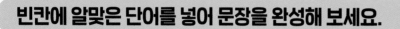
이것은 맵나요?

Da li je ovo   ?

여기요!

I   !

메뉴(판) 부탁해요.

Molim Vas,   .

(당신은) 영어로 된 메뉴(판) 있나요?

Da li imate meni   ?

(당신은) 무엇을 추천하나요?

Šta   ?

세르비아의 식사 문화

세르비아의 가정식

세르비아는 바다와 연결된 곳이 없는 내륙 국가이기 때문에 생선 및 해산물을 찾아보기 매우 어렵고 가격 또한 높습니다. 이러한 지형적 특성으로 육식 위주의 식단이 발달하였으며, 한 통계에 의하면 평균 연간 육류 소비량이 1인당 약 **70kg**이나 된다고 합니다. 최근에는 수도인 베오그라드를 중심으로 건강에 관심을 가지는 사람들이 늘어나면서 채식 위주 식단을 제공하는 식당들도 생겨나는 추세입니다. 세르비아의 점심시간은 보통 12~15시로 점심시간이 긴 편입니다.

다 리 이마떼   베게따리얀쓰꾸   옵찌유
Da li imate vegetarijansku opciju? (당신은) 채식주의자를 위한 메뉴가 있나요?

엿보기 단어

vegetarijanska opcija [베게따리얀쓰까 옵찌야] 채식주의자를 위한 메뉴

환전하기

🎧 02-23

세르비아에서 큰돈(호텔 숙박비나 월세 등)을 계산할 때는 세르비아의 법정 화폐인 '세르비아 디나르' 보다 유럽 화폐인 '유로'를 사용하는 경우가 많습니다. 유로가 신뢰성이 높고 환율이 안정적이기 때문입니다. 이러한 이유로, 세르비아에는 환전소가 많으며 당연히 환전할 일도 많습니다.

핵심 표현

| 쥅림 | 다 | 쁘로메님 | 에브레 | 우 | 디나레 |

Želim da promenim evre u dinare.

(저는) 유로를 디나르로 환전하고 싶습니다.

단어를 바꿔서 표현해 보세요.

promenim 동사 뒤에는 목적격이 위치합니다. 돈과 관련된 화폐는 복수로 변화하기 때문에 '복수목적격'을 사용합니다.

뜻	주격	복수목적격 (~을/를)
(미국) 달러	dolar [돌라르]	dolare [돌라레]
(한국) 원	von [본]	vone [보네]
(일본) 엔	jen [옌]	jene [예네]

단어

promenim [쁘로메님]
(내가) 바꾸다, 환전하다

evre [에브레] 유로들로
(evro의 복수목적격)

응용 표현 익히기　　🎧 02-24

이즈볼리떼

Izvolite.

여기 있습니다.

꼴리끼　예　꾸르쓰　에브라

Koliki je kurs evra?

유로 환율이 얼마인가요?

다　리　예　꾸르쓰　삑싼

Da li je kurs fiksan?

고정환율 적용되나요?

꼴리꼬　쎄　나쁠라츄예　쁘로비지야

Koliko se naplaćuje provizija?

수수료가 얼마나 부과되나요?

 엿보기 단어

kurs [꾸르쓰] 환율　　　　　　naplaćuje se [나쁠라츄예 쎄] 부과되다
fiksan [삑싼] 고정된　　　　　provizija [쁘로비지야] 수수료
koliko [꼴리꼬] 얼마나

(저는) 유로를 디나르로 환전하고 싶습니다.

Želim da promenim   **u dinare.**

여기 있습니다.

I   **.**

유로 환율이 얼마인가요?

Koliki je kurs   **?**

고정환율 적용되나요?

Da li je kurs   **?**

수수료가 얼마나 부과되나요?

Koliko   **provizija?**

환전소 이용하기

세르비아 환전소

세르비아는 환전소가 인구 수 대비 매우 많은 것으로 알려져 있습니다. 자국 화폐가치가 불안정한 세르비아의 경제 특성상, 세르비아인들은 저축을 하거나 높은 단위의 금액을 거래할 때는 유로로 거래하는 것을 선호합니다. 그러나 세르비아 헌법에 명시된 법정 화폐는 '세르비아 디나르'이므로, 은행 이체나 카드 결제를 할 때는 '디나르'만 가능합니다. 그래서 많은 세르비아인들이 저축은 유로로 하고 필요할 때마다 조금씩 디나르로 환전하는 방식으로 결제를 합니다.

다 리 모구 다 쁠라참 에브리마

Da li mogu da plaćam evrima?　　(제가) 유로로 결제할 수 있나요?

✎'~로'라는 뜻을 가지기 위해,
evro[유로]의 복수도구격인 evrima을 사용합니다.

우편물 보내기

🎧 02-25

세르비아에서도 우편이나 택배를 보낼 때는 우체국을 이용합니다. 지역 곳곳에 작거나 큰 우체국이 위치해 있기 때문에 쉽게 찾을 수 있습니다. 우편물을 발송하거나 받는 방법 등의 표현들을 익혀 보세요.

핵심 표현

꼴리꼬	꼬슈따	쓸라녜	뽀쉴께	우	꼬레유

Koliko košta slanje pošiljke u Koreju?

한국으로 보내는 데 얼마인가요?

단어를 바꿔서 표현해 보세요.

'오다, 가다, 보내다'처럼 이동이 있는 동사 다음에는 그 목적지를 목적격으로 표현합니다.

뜻	주격	목적격
독일	Nemačka [네마츄까]	Nemačku [네마츄꾸]
크로아티아	Hrvatska [흐르바뜨쓰까]	Hrvatsku [흐르바뜨쓰꾸]
몬테네그로	Crna Gora [쯔르나 고라]	Crnu Goru [쯔르누 고루]
불가리아	Bugarska [부가르쓰까]	Bugarsku [부가르쓰꾸]
튀르키예	Turska [뚜르쓰까]	Tursku [뚜르쓰꾸]
일본	Japan [야빤]	Japan [야빤]
중국	Kina [끼나]	Kinu [끼누]

단어

slanje pošiljke
[쓸라녜 뽀쉴께] **택배 보내기**

Koreju [꼬레유] **한국**
(Koreja의 목적격)

응용 표현 익히기 　　　🎧 02-26

까꼬　　이데　　브로이　　뽀쉴께
Kako ide broj pošiljke?

송장번호가 어떻게 되나요? (직역: 송장번호가 어떻게 가나요?)

꼴리꼬　　　두고　　　빠께뜨　　뿌뚜예　　　도　　　꼬레예
Koliko dugo paket putuje do Koreje?

(상자가) 한국까지 얼마나 걸리나요?

다　리　　이마떼　　빠께뜨
Da li imate paket?

(당신은) 상자 있나요?

쥉림　　다　　쁘라띰　　　뽀쉴꾸
Želim da pratim pošiljku.

(저는) 배송을 추적하고 싶습니다.

 엿보기 단어

broj pošiljke [브로이 뽀쉴께] 송장번호　　　　do [도] ~까지
putuje [뿌뚜예] 여행하다, 걸리다　　　　paket [빠께뜨] 상자

한국으로 보내는 데 얼마인가요?

Koliko košta slanje pošiljke u   **.**

송장번호가 어떻게 되나요? (직역: 송장번호가 어떻게 가나요?)

Kako   **broj pošiljke?**

(상자가) 한국까지 얼마나 걸리나요?

Koliko dugo   **do Koreje?**

(당신은) 상자 있나요?

Da li imate   **?**

(저는) 배송을 추적하고 싶습니다.

Želim da   **pošiljku**

국제우편 보내기

세르비아 우체국

한국에서 세르비아로 국제우편(EMS)을 보낼 경우에는 **2kg** 기준, 약 **64,000**원 정도(2023년 기준)로 다른 나라에 비해 비싼 편입니다. 한국 우체국은 국제우편 발송 시, 발송 국가의 위치와 위험도 등을 고려하여 1지역에서 5지역까지 구분해서 요금을 차등하고 있습니다. 그중 세르비아는 5지역으로 분류하고 있기 때문에 높은 가격으로 측정됩니다. 이는 세르비아가 코소보와 얽힌 분쟁 상황 때문인 것으로 추측됩니다. 반면, 세르비아에서 한국으로 택배를 보낼 때는 **2kg** 기준, 약 **30~70**달러(한화: 약 40,000원) 정도로 보다 저렴하게 측정되고 있습니다.

샬렘　오보　우　꼬레유

Šaljem ovo u Koreju.
이것을 한국으로 보냅니다.

엿보기 단어

šaljem [샬렘] (내가) 보내다

회의하기

🎧 02-27

세르비아에서 이루어지는 비즈니스 관례는 다른 나라와 거의 비슷하지만, 세르비아만의 독특한 문화가 얽힌 다양한 표현들도 존재합니다. 이러한 표현들을 미리 익힌 후에 세르비아 바이어를 만나러 간다면 훨씬 자연스럽게 미팅을 진행할 수 있을 것입니다.

 핵심 표현

쳴림　　다　　　자쁘츄넴　　　　싸쓰따나끄
Želim da započnem sastanak.

(저는) 회의(미팅)를 시작하고 싶습니다.

단어를 바꿔서 표현해 보세요.

razgovor [라즈고보르] 대화

pregovor [쁘레고보르] 협상

단어

započnem [자쁘츄넴]
(내가) 시작하다

sastanak [싸쓰따나끄] 미팅

꼴리꼬　　이마모　　　브레메나
Koliko imamo vremena?

(우리가) 시간이 얼마만큼 있나요?

> 상대방에게 시간이 얼마나 있는지 물어볼 때는 'imate [이마떼] (당신이) 가지고 있다'로 바꾸어 표현할 수 있습니다.

슈따　미쓸리떼　오　　오보메
Šta mislite o ovome?

이것에 대해서 어떻게 생각하시나요?

> o ovome [오 오보메] 이것에 대해
> o tome [오 또메] 그것에 대해
> o onome [오 오노메] 저것에 대해

다　리　　이마떼　　쑤게쓰띠유
Da li imate sugestiju?

제안하실 게 있으신가요?

흐왈라　　밤　　나　　싸쓰딴꾸
Hvala Vam na sastanku.

미팅에 대해 감사드립니다.

엿보기 단어

vremena [브레메나] 시간이 (vreme의 소유격)
koliko vremena [꼴리꼬 브레메나]
얼마만큼의 시간
mislite [미쓸리떼] (당신이) 생각하다

o [오] ~에 대해
sugestija [쑤게쓰띠야] 제안
hvala na + 목적격 (목적격)에 대해 감사하다

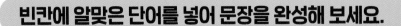
(저는) 회의(미팅)를 시작하고 싶습니다.

Želim da započnem   **.**

(우리가) 시간이 얼마만큼 있나요?

Koliko   **vremena?**

이것에 대해서 어떻게 생각하시나요?

Šta mislite   **?**

제안하실 게 있으신가요?

Da li imate   **?**

미팅에 대해 감사드립니다.

Hvala Vam na   **.**

세르비아의 비즈니스 매너

세르비아의 바이어들은 한국 바이어들에 비해 메일이나 전화 등의 연락 속도가 느린 편입니다. 그렇다고 해서 다시 리마인드 메일을 보내거나 답장을 확인하는 연락을 하게 되면 재촉한다는 느낌을 받게 되어 바이어가 불쾌해할 수 있으므로, 연락에 있어서 서로 신뢰감을 가지고 꾸준히 연락하는 것이 좋습니다.

세르비아의 점심시간은 보통 12~15시 사이로, 12시보다 더 늦게 점심을 먹는 경우가 많기 때문에 식사 예약을 잡을 때는 조금 여유 있게 잡는 것이 좋습니다. 또한, 세르비아인들은 시간 약속을 비교적 잘 지키는 편이므로 약속한 시간에 맞추어 도착하는 것이 좋습니다. 세르비아에서는 시간에 대한 혼선을 피하기 위해서 24시간 단위로 시간을 말하기도 합니다. 예를 들어 3시는 15시, 5시는 17시로 말하는 방식입니다.

슈따   까줴떼   나   싸쓰따나끄   우   쉐뜨르나에쓰뜨
Šta kažete na sastanak u 14:00?

14시에 만나는 건 어떨까요? (직역: 14시에 만나는 것을 뭐라 말씀하실까요?)

비디모   쎄   우   쎄담나에쓰뜨
Vidimo se u 17:00!

17시에 만납시다!

 **엿보기 단어**

kažete [까줴떼] (당신이) 말하다

아이스브레이킹

서툴지만 조금이라도 세르비아어를 할 줄 안다면, 세르비아인들과 빠르게 친해질 수 있을 것입니다. 세르비아인과의 친분을 쌓을 때 사용할 수 있는 다양한 표현들을 익혀 보세요.

핵심 표현

오다끌레 씨

Odakle si?

어디에서 왔어?

단어

odakle [오다끌레] ~에서

Tip 'Odakle si?'는 같은 또래나 아주 친한 사이 또는 아랫사람에게 쓸 수 있는 표현입니다. 연장자나 친하지 않은 사람에게는 정중한 표현인 'Odakle ste?'라는 표현을 쓰는 것이 좋습니다. 의문사 다음에 jesam 동사를 활용하면 상대의 상황에 대한 물음이 됩니다.

Odakle ste? [오다끌레 쓰떼] 당신은 어디에서 오셨어요?

Gde ste? [그데 쓰떼] 당신은 어디세요?

야 쌈 이즈 꼬레예
Ja sam iz Koreje.

저는 한국에서 왔습니다.

> 대한민국의 '남한'을 강조할 때는
> 'Južna Koreja (남한)'를 넣어서
> 표현합니다.
> **Ja sam iz Južne Koreje.**
> 저는 한국(남한)에서 왔습니다.

슈따 볼리쉬 다 라디쉬
Šta voliš da radiš?

뭐 하는 거 좋아해? (직역: (너는) 무엇을 일하는 것을 좋아하니?)

다 리 이마쉬 인쓰따그람
Da li imaš Instagram?

너 인스타그램 있니?

> 다양한 소셜미디어 플랫폼을 넣어
> 서 표현할 수 있습니다.
> **Fejsbuk** [빼이쓰북] 페이스북
> **Tiktok** [띡똑] 틱톡
> **Jutjub** [유뚭] 유튜브

쓰비쟈 미 쎄 쓰르비야
Sviđa mi se Srbija.

저는 세르비아가 좋습니다. (직역: 세르비아가 저로 하여금 좋게 만들고 있습니다.)

엿보기 단어

iz [이즈] ~에서
voliš [볼리쉬] (네가) 좋아하다
radiš [라디쉬] (네가) 일하다

Instagram [인쓰따그람] 인스타그램
sviđa [쓰비쟈] 좋아하게 만들다
sviđa mi se [쓰비쟈 미 쎄] 나는 ~가 좋다

어디에서 왔어?

Odakle   **?**

저는 한국에서 왔습니다.

Ja sam   **.**

뭐 하는 거 좋아해? (직역: (너는) 무엇을 일하는 것을 좋아하니?)

Šta voliš da   **?**

너 인스타그램 있니?

Da li imaš   **?**

저는 세르비아가 좋습니다. (직역: 세르비아가 저로 하여금 좋게 만들고 있습니다.)

                          Srbija.

세르비아인들의 환대 문화

세르비아인들의 환대 문화는 전 세계적으로 유명합니다. 세르비아인들은 유독 다른 나라 사람들에 비해서 친절하고 관대한 것으로 알려져 있습니다. 여행객이나 처음 만난 사람을 집으로 초대하여 음식을 접대하는 것이 일상화되어 있는 나라이기도 합니다. 이들의 환대 문화는 국민의 **80%** 이상이 믿고 있는 정교회의 영향도 있습니다. 정교회에서는 '이웃을 나처럼 사랑하고 남에게 대접받고 싶은 만큼 대접하라'고 가르치기 때문입니다. 세르비아 여행 시 그들의 집으로 초대를 받게 된다면, 방문이 어려운 상황이 아닌 이상 흔쾌히 응하는 것도 초대한 상대에 대한 예의가 될 수 있을 것입니다. 또한, 세르비아 가정에 초대를 받았다면 작은 선물을 함께 가지고 가는 것이 좋습니다. 세르비아인들끼리는 초대를 받았을 때 보통 와인이나 라끼야를 선물로 가져가는 편입니다.

호왈라　나　뽀지부
Hvala na pozivu.　　　초대해 줘서 고마워요. (직역: 초대에 감사합니다.)

엿보기 단어

pozivu [뽀지부] 초대에 (poziv의 장소격)

커피 주문하기

🎧 02-31

세르비아인들의 커피 사랑은 빠질 수 없는 문화 특징 중 하나입니다. 국민의 대부분이 커피를 자주 마시기 때문에 그만큼 커피 문화도 발달되어 있습니다. 자신의 취향에 맞는 커피를 요청할 수 있도록 주문 표현들을 익혀 보세요.

핵심 표현

쥉림　　 까뿌　　 베셰체라

Želim kafu bez šećera.

설탕 뺀 커피를 원해요.

단어를 바꿔서 표현해 보세요.

bez 전치사 다음에는 '소유격'으로 변화되어 활용됩니다.

뜻	주격	소유격
우유	mleko [믈레꼬]	mleka [믈레까]
크림	krema [끄레마]	kreme [끄레메]

단어

bez [베즈] ～를 빼고
šećera [세체라] 설탕
(šećer의 소유격)

Tip — bez šećera의 발음은 문법적으로 [베즈 세체라]지만, 발음 현상에 의해 [베셰체라]라고 발음됩니다.

다 리　이마떼　까뿌　베즈　꼬뻬이나
Da li imate kafu bez kofeina?

(당신은) 카페인 없는 커피 있나요?

몰림　바쓰　에쓰쁘레쏘
Molim vas, espreso.

에스프레소 부탁드립니다.

까꼬　이데　와이빠이　쉬쁘라
Kako ide Wi-Fi šifra?

와이파이 비밀번호 어떻게 되나요?

● Wi-Fi
세르비아어식 영어 발음인
vifi [비삐]라고 발음하는 경우
도 있습니다.

뚜르쓰까　까빠　미 예　고르까
Turska kafa mi je gorka.

튀르키예식 커피는 저에게 쓴맛이 나요.

 **엿보기 단어**

kofeina [꼬뻬이나] 카페인 (kofein의 소유격)　　turska kafa [뚜르쓰까 까빠] 튀르키예식 커피
šifra [쉬쁘라] 비밀번호 (= lozinka [로진까])　　gorka [고르까] 쓴맛

설탕 뺀 커피를 원해요.

Želim kafu bez   .

(당신은) 카페인 없는 커피 있나요?

Da li imate   ?

에스프레소 부탁드립니다.

Molim vas,   .

와이파이 비밀번호 어떻게 되나요?

Kako ide Wi-Fi   ?

튀르키예식 커피는 저에게 쓴맛이 나요.

Turska kafa mi je   .

세르비아의 커피

세르비아인들에게 커피는 하나의 일상과 같습니다. 손님이 오면 커피를 대접하는 것이 관례이며, 모닝커피로 하루를 시작하는 세르비아인들도 매우 많습니다. 다양한 커피 종류 중 조금 독특한 커피를 꼽자면, '튀르키예식 커피(Turska kafa [뚜르쓰까 까빠])'가 있습니다. 튀르키예식 커피는 다른 커피와는 다르게 매우 쓴 맛으로 유명합니다. 미리 갈아낸 원두를 끓여서 만들어지는 커피로 꿀이나 설탕을 타서 마십니다.

또한, 카페에서는 흡연이 가능하기 때문에 커피를 줄 때 재떨이와 함께 주는 경우도 많으며, 카페 안에서 흡연하는 사람들도 자주 볼 수 있습니다. 금연 카페도 있지만 매우 드물고 금연 카페의 대다수는 흡연 구역과 금연 구역을 파티션으로 나누는 수준에 불과합니다. 최근 세르비아 정부에는 EU 가입을 위해 흡연 규제를 하려는 움직임을 보이고 있습니다.

　　　　　 호체모　 리 나　 까뿌
구어체 : **Hoćemo li na kafu?** 　　　　　커피 마시러 가자!
　　↳ 아주 친한 사이에서 쓰이는 표현입니다.

　　　　　 다 리　 호체떼　 다　 이데모　 나　 까뿌
격식체 : **Da li hoćete da idemo na kafu?** 　　커피 마시러 가실까요?
　　　　　(당신이) 원하다

 지식 플러스

세르비아인들은 '튀르키예식 커피'를 '집에서 만든 커피(Domaća kafa [도마챠 까빠])'라고도 부릅니다. 이 커피는 튀르키예 현지에서 판매하는 커피와는 그 모양과 맛이 다릅니다. 하지만 오스만 제국의 지배를 받았을 때 튀르키예에서 건너온 커피이기 때문에 현재까지 '튀르키예식 커피'라는 명칭을 고수하고 있습니다.

술 주문하기

🎧 02-33

세르비아에서 커피 다음으로 빠질 수 없는 것이 술입니다. 세르비아만의 독특한 술인 라끼야를 포함하여 다양한 술이 있습니다. 그만큼 술과 관련한 세르비아어 표현도 다양합니다.

 핵심 표현

쥏림　쯔르노　비노

Želim **crno vino** .

(저는) 레드와인을 원합니다.

단어를 바꿔서 표현해 보세요.

뜻	주격	목적격 (~을/를)
맥주	pivo [삐보]	pivo [삐보]
라끼야	rakija [라끼야]	rakiju [라끼유]
칵테일	koktel [꼭뗄]	koktel [꼭뗄]
보드카	votka [보뜨까]	votku [보뜨꾸]
화이트 와인	belo vino [벨로 비노]	belo vino [벨로 비노]
병맥주	flaširano pivo [쁠라쉬라노 삐보]	flaširano pivo [쁠라쉬라노 삐보]
생맥주	točeno pivno [또췌노 삐보]	točeno pivo [또췌노 삐보]

 Tip 레드와인은 'crno vino [쯔르노 비노]'라고 합니다. crno [쯔르노]는 '검은'이라는 뜻으로, 직역하면 '검은색 와인'이라는 의미가 되지만 관용적 표현으로 쓰이고 있습니다.

쥌림 쥀 쓰또꼬 삐쳬
Želim žestoko piće.

(저는) 독한 술이 좋습니다.

다 리 모줴떼 다 쁘레뽀루취떼 네끼 꼭뗄
Da li možete da preporučite neki koktel?

(당신은) 칵테일을 추천해 주실 수 있나요?

슈따 이마떼 우 뽀누디 오드 꼭뗄라
Šta imate u ponudi od koktela?

칵테일에 어떤 걸 넣어주나요? (직역: 당신은 칵테일에 어떤 것을 가지고 있나요?)

우벡 볼림 또쳬노 삐보
Uvek volim točeno pivo.

(저는) 항상 생맥주가 좋아요.

 엿보기 단어

žestoko [쥀쓰또꼬] 강한, 독한
piće [삐쳬] 마실 것, 음료, 술
koktel [꼭뗄] 칵테일

ponudi [뽀누디] 제공 (ponuda의 장소격)
od [오드] ～에서, ～로부터
uvek [우벡] 항상

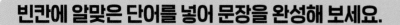

빈칸에 알맞은 단어를 넣어 문장을 완성해 보세요.

(저는) 레드와인을 원합니다.

Želim   .

(저는) 독한 술이 좋습니다.

Želim   **piće.**

(당신은) 칵테일을 추천해 주실 수 있나요?

Da li možete da   **koktel?**

칵테일에 어떤 걸 넣어주나요? (직역: 당신은 칵테일에 어떤 것을 가지고 있나요?)

Šta imate   **od koktela?**

(저는) 항상 생맥주가 좋아요.

                    točeno pivo.

세르비아의 술과 건배

세르비아인들은 눈을 통해 대화를 한다고 믿기 때문에 서로 이야기할 때 눈 맞춤을 중요하게 생각합니다. 건배할 때도 눈의 역할이 있습니다. 한국에서는 윗사람과 건배할 때 존중의 의미로 잔을 두 손으로 잡고 시선을 아래로 살짝 내리는 포즈를 취하지만, 세르비아에서는 눈을 서로 마주치며 건배하는 것으로 존중의 의미를 나타냅니다. 세르비아의 건배사는 'Živeli!' 입니다. '건강하자!' 또는 '건강을 위하여!'라는 의미를 나타냅니다.

쥐벨리
Živeli!   건배! (직역: 건강하자!)

세르비아인들의 대중적인 술은 '라끼야'입니다. 라끼야는 주로 식전에 마시는 경우가 많으며, 손님을 맞이할 때에도 라끼야를 대접하는 것이 일반적입니다. 세르비아인들은 집에서 직접 증류한 라끼야를 가지고 있는 경우가 많아서 손님이 찾아올 때 한 잔씩 대접하는 경우가 많습니다.

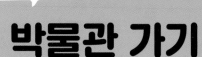
박물관 가기

🎧 02-35

세르비아에는 긴 역사를 자랑하는 다양한 박물관이 있습니다. 박물관 뿐만 아니라 미술관, 공연장 등 여행객이라면 한 번씩 방문하게 되는 다양한 관광지에서 쓰이는 필수 표현들을 익혀 보세요.

핵심 표현

그데 예 울라즈
Gde je ulaz?

입구가 어디인가요?

단어를 바꿔서 표현해 보세요.

- 라 ulaz   치 улаз [울라즈] 입구
- 라 izlaz   치 излаз [이즐라즈] 출구
- 라 biletarnica   치 билетарница [빌레따르니짜] 매표소

Tip

● 안내 데스크

'정보'의 뜻을 가진 informacije는 '안내 데스크'를 의미합니다.

라 Informacije   치 Информације [인뽀르마찌예]   정보(들)

꼴리꼬　　꼬슈따　　울라즈니짜
Koliko košta ulaznica?

입장권 얼마인가요?

다　리　이마떼　아우디오　보디취
Da li imate audio vodič?

(당신은) 오디오 가이드가 있나요?

까다　쎄　오뜨바라　자뜨바라　무제이
Kada se otvara/zatvara muzej?

박물관은 언제 여나요/닫나요?

다　리　모구　다　뽀또그라삐솀
Da li mogu da fotografišem?

(제가) 사진 찍어도 되나요?

 엿보기 단어

košta [꼬슈따] 얼마이다
ulaznica [울라즈니짜] 입장권
audio vodič [아우디오 보디취] 오디오 가이드
otvara se [오뜨바라 쎄] (창문, 문 등이) 열리다

zatvara se [자뜨바라 쎄] (창문, 문등이) 닫히다
muzej [무제이] 박물관
fotografišem [뽀또그라삐솀] (내가) 사진 찍다

입구가 어디인가요?

Gde je   **?**

입장권 얼마인가요?

Koliko košta   **?**

(당신은) 오디오 가이드가 있나요?

Da li imate   **?**

박물관은 언제 여나요/닫나요?

Kada se   **/**   **muzej?**

(제가) 사진 찍어도 되나요?

Da li mogu da   **?**

베오그라드 국립 박물관

세르비아 베오그라드 국립 박물관은 세르비아에서 가장 오래된 박물관 중 하나입니다. 신석기 시대부터 고대 그리스 로마 및 중세 문화까지 다양한 유물이 전시되어 있습니다. 시내 한복판에 위치하여 세르비아 베오그라드의 상징적인 건물입니다. 월요일은 정기휴일이며 요일과 구역에 따라서 입장료가 상이합니다.

베오그라드 국립 박물관 (**Narodni muzej** [나로드니 무제이])

슈따 이마 우 무제유
Šta ima u muzeju?

박물관에 무엇이 있나요?

 **지식 플러스**

● 금지 표현

「zabranjeno(금지) + 명사」 구조를 활용하면 '~ 금지'라는 표현을 나타낼 수 있습니다. 박물관에는 '치릴리짜'로 표기되어 있는 경우가 많으므로, 두 어휘 모두 익혀두는 것이 좋습니다.

촬영 금지
자브라녜노 뽀또그라삐싸녜
🇷🇸 Zabranjeno fotografisanje
치 Забрањено фотографисање

흡연 금지
자브라녜노 뿌셰녜
🇷🇸 Zabranjeno pušenje
치 Забрањено пушење

호텔 체크인/아웃 하기

🎧 02-37

호텔 프런트에서 사용할 수 있는 표현들은 몇 가지로 정해져 있으므로 호텔 체크인/아웃 시 필요한 필수 표현들을 미리 익혀 두는 것이 좋습니다. rezervisati [레제르비싸띠]는 '예약하다'라는 뜻으로, 이 단어를 활용하여 간단하게 '(내가) 예약을 했다'라는 문장을 만들 수 있습니다.

핵심 표현

레제르비싸오   레제르비쌀라   쌈   쏘부

Rezervisao/Rezervisala sam sobu.

방을 예약했습니다.

단어를 바꿔서 표현해 보세요.

뜻	주격	목적격 (~을/를)
택시	taksi [딱씨]	taksi [딱씨]
청소	čišćenje [취슈체녜]	čišćenje [취슈체녜]

단어

sobu [쏘부] 방을 (soba의 목적격)

Tip rezervisati 동사 다음에는 목적격을 활용합니다. 또한, 이 동사의 과거형은 'rezervisao/rezervisala sam'입니다.

쩰림   다   쎄   쁘리야빔
Želim da se prijavim.

(저는) 체크인 하고 싶습니다.

> ● se의 위치
> 항상 앞에서 두 번째에 위치하며, da 뒤에 위치하기도 합니다.
> prijavim se, Ja se prijavim, Da se prijavim

쩰림   다   쎄   오드야빔
Želim da se odjavim.

(저는) 체크아웃 하고 싶습니다.

꼴리끼   예   라춘
Koliki je račun?

얼마인가요? (직역: 영수증이 얼마인가요?)

다 리   이마떼   쓸로보드누   쏘부
Da li imate slobodnu sobu?

(당신은) 빈방 하나 있나요?

 엿보기 단어

prijavim se [쁘리야빔 쎄] (내가) 체크인하다
(= čekiram se [체끼람 쎄])
odjavim se [오드야빔 쎄] (내가) 체크아웃하다

koliki [꼴리끼] 얼마나
slobodnu sobu [쓸로보드누 쏘부] 빈 방
(slobodna soba의 목적격)

방을 예약했습니다.

Rezervisao/rezervisala sam   .

(저는) 체크인 하고 싶습니다.

Želim da se   .

(저는) 체크아웃 하고 싶습니다.

Želim da se   .

얼마인가요? (직역: 영수증이 얼마인가요?)

Koliki je   ?

(당신은) 빈방 하나 있나요?

Da li imate   ?

세르비아의 호텔

세르비아 대부분의 호텔에서는 영어로도 의사소통이 비교적 쉽게 이루어집니다. 그러나 수도인 베오그라드를 벗어나면 영어가 통하지 않는 호텔도 종종 만날 수 있습니다. 영어로 의사소통이 가능한 직원을 별도로 찾아야 하는 경우도 있으므로 외곽에 위치한 호텔을 이용할 경우에는 미리 영어가 가능한 직원이 있는지 알아보는 것이 좋습니다. 호텔비와 같이 액수가 높은 금액을 지불할 경우에는 유로 화폐를 선호하는 경향이 있기 때문에 유로 화폐도 기본적으로 소지하고 있는 편이 유용합니다. 세르비아의 호텔에서도 룸서비스, 방 청소 등 기본적인 서비스가 제공됩니다.

모스크바 호텔 (Hotel Moskva [호뗄 모쓰끄바])

다 리 모구 다 쁠라띰 에브리마
Da li mogu da platim evrima?

(제가) 유로로 계산해도 되나요?

세르비아의 유명 호텔과 특징을 알아봅시다.

● 힐튼 벨그레이드 (Hilton Belgrade)

세르비아 베오그라드의 특급 호텔로서 시내에 위치하여 이동이 편리합니다. 비즈니스 미팅 등의 다양한 행사 및 세미나가 열립니다.

주소 : Kralja Milana 35, Belgrade 11000, Serbia

● 하얏트 리전시 (Hyatt Regency)

세르비아 베오그라드의 신시가지(Novi Beograd)에 위치해 있으며 한국 코트라 무역관과 가까운 위치입니다. Hilton Belgrade와 마찬가지로 특급 호텔로서 다양한 행사 및 세미나가 열립니다.

주소 : Milentija Popovića 5, Belgrade 11070, Serbia

엿보기 단어

evrima [에브리마] 유로로 (evro의 복수도구격)　　platim [쁠라띰] (내가) 결제하다

호텔 컴플레인 하기

🎧 02-39

호텔 이용 시, 불편한 사항이 생길 수도 있고 이용객이 많은 만큼 시설이 고장 나거나 물품이 부족한 경우도 많습니다. 바로 교환이나 수리 및 개선을 요청할 수 있는 표현들을 익혀 보세요.

핵심 표현

쏘바　예　흘라드나

Soba je hladna.

방이 추워요.

단어를 바꿔서 표현해 보세요.

vruća [브루챠] 더운

mala [말라] 작은

tamna [땀나] 어두운

단어

soba [쏘바] 방
hladna [흘라드나] 추운

끌리마　네　라디
Klima ne radi.

에어컨이 작동하지 않습니다. (직역: 에어컨이 일하지 않고 있습니다.)

우쓸루가　예　로샤
Usluga je loša.

서비스가 좋지 않습니다.

쏘바　니예　취쓰따
Soba nije čista.

방이 깨끗하지 않습니다.

다 리　모구　다　자메님　쏘부
Da li mogu da zamenim sobu?

(제가) 방을 바꿀 수 있을까요?

 **엿보기 단어**

klima [끌리마] 에어컨

usluga [우쓸루가] 서비스

loša [로샤] 안 좋은

čista [취쓰따] 깨끗한

zamenim [자메님] (내가) 바꾸다

방이 추워요.

Soba je _____.

에어컨이 작동하지 않습니다. (직역: 에어컨이 일하지 않고 있습니다.)

Klima ne _____.

서비스가 좋지 않습니다.

_____ **je loša.**

방이 깨끗하지 않습니다.

Soba nije _____.

(제가) 방을 바꿀 수 있을까요?

Da li mogu _____ **sobu?**

세르비아의 흡연 문화

세계 보건 기구(WHO)에 따르면 세르비아인 들의 흡연율은 약 **35%**로 유럽 전체에서도 가장 높은 수준입니다. 흡연율이 가장 높은 것으로 알려져 있는 불가리아보다도 높은 수치입니다. 학교나 병원 같은 특정한 공공 장소에서는 금연이 잘 이루어지고 있는 편 이지만, 일부 정부부처 같은 공공기관, 카 페, 식당 등에서는 내부에서 흡연하는 경우 를 쉽게 볼 수 있습니다. 최근 세르비아 정부는 담배 포장에 경고 문구를 부착하고 담배 세금 을 올리는 등 많은 노력을 기울이고 있지만 효과는 미비하다고 할 수 있습니다.

젤림　쏘부　자　네뿌샤췌
Želim sobu za nepušače.　　(저는) 금연방을 원합니다.

그데　예　쏘바　자　뿌셰녜
Gde je soba za pušenje?　　흡연실이 어디인가요?

몰림　바쓰　자메니떼　미　쏘부　우　네뿌샤츄꾸　쏘부
Molim Vas zamenite mi sobu u nepušačku sobu.

금연방으로 바꿔 주세요.

 엿보기 단어

zamenite [자메니떼] (당신이) 바꾸다　　　　**nepušačka soba** [네뿌샤츄까 쏘바] 금연방

병원/약국 이용하기

🎧 02-41

세르비아는 사회주의 시절부터 구축된 의료시스템이 지금까지도 잘 이어져오고 있는 편으로, 거리마다 약국을 쉽게 찾을 수 있습니다. 약국에서 간단한 약을 구입할 수 있도록 'Treba mi ~ (~가 필요하다)' 어휘를 활용한 간단한 표현을 익혀 보세요.

핵심 표현

뜨레바 미 레끄 자 디야레유
Treba mi lek za dijareju.

설사를 위한 약이 필요해요.

단어를 바꿔서 표현해 보세요.

전치사 **za**(~를 위하여) 뒤에는 목적격으로 활용합니다.

뜻	주격	목적격 (~을/를)
식중독	trovanje hranom [뜨로바녜 흐라놈]	trovanje hranom [뜨로바녜 흐라놈]
편두통	migrena [미그레나]	migrenu [미그레누]
감기	grip [그립]	grip [그립]
멀미	mučnina [무츄니나]	mučninu [무츄니누]
생리통	menstrualni bolovi [멘쓰뜨루알니 볼로비]	menstrualne bolove [멘쓰뜨루알네 볼로베]

단어

lek [레끄] 약
lek za [레끄 자] ~를 위한 약
dijareju [디야레유] 설사를
(dijareja의 목적격)

볼레쓰딴   볼레쓰나   쌈
Bolestan/Bolesna sam.

(저는) 아픕니다.

*아픈 사람의 성(性)에 맞춰서 씁니다.

볼리   메   글라바
Boli me glava.

머리가 아픕니다. (직역: 머리가 나로 하여금 아프도록 만들게 하고 있다.)

*boli me : ~가 아프다 (관용표현)

오쎄참   쎄   로셰
Osećam se loše.

(저는) 기분이 좋지 않아요.

이맘   뗌뻬라뚜루
Imam temperaturu.

열이 나요. (직역: 나는 온도를 가지고 있다.)

 엿보기 단어

---

bolestan/bolesna [볼레쓰딴/볼레쓰나]
m. / f. 아픈

boli [볼리] 아프게 하다

glava [글라바] 머리

osećam se [오쎄참 쎄] (내가 무언가를) 느끼다

temperaturu [뗌뻬라뚜루] 온도를, 열을
(temperatura의 목적격)

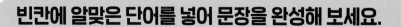

설사를 위한 약이 필요해요.

Treba mi lek za   .

(저는) 아픕니다.

**   sam.**

✎ 말하는 이의 성별에 맞게 넣어 보세요.

머리가 아픕니다. (직역: 머리가 나로 하여금 아프도록 만들게 하고 있다.)

Boli me   .

(저는) 기분이 좋지 않아요.

**   loše.**

열이 나요. (직역: 나는 온도를 가지고 있다.)

Imam   .

세르비아의 약국

세르비아 거리에서 약국은 쉽게 찾을 수 있습니다. 운영시간도 다른 나라에 비해 매우 긴 편이며, 병원에 있는 의사보다 약국의 약사가 접근성이 훨씬 쉽기 때문에 세르비아인들은 웬만한 병에는 약국을 먼저 방문하는 편입니다. 약국에서는 간단한 병을 진단하고 처방하는 일도 가능하므로 관련 표현을 미리 익혀 두는 것이 좋습니다.

약국(apoteka [아뽀떼까])

다 리　모줴떼　다　미　쁘레뽀루치떼　레끄
Da li možete da mi preporučite lek?　(당신은) 약 추천해 주실 수 있나요?

까다　뜨레바　다　우즈멤　레끄
Kada treba da uzmem lek?　(제가) 언제 약을 먹어야 하나요?

지식 플러스

약국에서는 치릴리짜 사용이 적고 약품에는 영어나 독일어로 쓰여 있는 경우도 간혹 있습니다.

Unit 22

위급상황 표현하기

🎧 02-43

세르비아 여행 중, 사고를 당하거나 도난을 당하는 등 위험한 일을 당했을 때 도움을 요청할 수 있는 표현들이 있습니다. 위급상황에 사용할 수 있는 대처 표현을 미리 익히고 대비해 두는 것이 중요합니다.

핵심 표현

이즈구비오　　　이주구빌라　　　쌈　　　떼레뽄
Izgubio/Izgubila sam telefon.

(제가) 휴대폰을 잃어버렸어요.

단어를 바꿔서 표현해 보세요.

뜻	주격	목적격 (~을/를)
가방	torba [또르바]	torbu [또르부]
여권	pasoš [빠쏘쓔]	pasoš [빠쏘쓔]
태블릿	tablet [따쁠레뜨]	tablet [따쁠레뜨]
책	knjiga [끄니이가]	knjigu [끄니이구]
노트북	laptop [랍똡]	laptop [랍똡]

단어

izgubio/izgubila sam
[이즈구비오/이주구빌라 쌈]
m. / f. (내가) 잃어버리다
telefon [떼레뽄] 휴대폰을
(telefon의 목적격)

Tip izgubiti 동사가 과거형으로 활용될 때는 동사의 어간인 izgubi를 활용하여 성(남성/여성/중성)에 따라서 izgubio [이즈구비오]/izgubila [이즈구빌라]/izgubilo [이즈구빌로] 등으로 활용할 수 있습니다.

뽀모지떼　미
Pomozite mi.

저를 도와주세요.

뜨레바　미　뽀모치
Treba mi pomoć.

도움이 필요해요.

뽀조비떼　뽈리찌유
Pozovite policiju.

경찰을 불러주세요.

데씰라　쎄　네쓰레챠
Desila se nesreća.

사고가 있었어요.

*nesreća [네쓰레챠] (사고) = 부정형 ne + sreća [쓰레챠] (행복)

 엿보기 단어

pomozite [뽀모지떼] (당신이) 도와주다　　policiju [뽈리찌유] 경찰을 (policija의 목적격)
pomoć [뽀모치] 도움　　desila se [데씰라 쎄] ~가 일어났다
pozovite [뽀조비떼] (당신이) 부르다

(제가) 휴대폰을 잃어버렸어요.

sam telefon.

✎ 말하는 이의 성별에 맞게 넣어 보세요.

저를 도와주세요.

mi.

도움이 필요해요.

Treba mi   .

경찰을 불러주세요.

Pozovite   .

사고가 있었어요.

Desila se   .

세르비아의 치안

세르비아 경찰서

세르비아는 치안이 매우 좋은 편에 속합니다. 범죄율이 낮아지면서 관광객과 방문객들에게 안전한 여행지의 인상을 심어주고 있습니다. 버스터미널이나 일부 우범지대를 제외하고는 소매치기와 같은 일도 다른 유럽 국가에 비해 적은 편입니다. 사회주의 시절 완성된 강력한 공권력의 영향이 아직 사라지지 않은 탓으로, 저녁에도 비교적 안전하며 사람들이 많이 몰리는 곳인 경우에는 저녁에 거리를 순찰하는 경찰들도 종종 볼 수 있습니다.

다 리　모줴떼　다 미　뽀모그네떼
Da li možete da mi pomognete?
(당신이) 도와주다

(당신은) 저를 도와줄 수 있나요?

우뽀모치
Upomoć!

도와주세요!

↳ 영어의 'Help me!'와 유사합니다.

위급 상황 발생 시, 경찰서나 소방서에서는 영어 소통이 어려울 수 있습니다. 세르비아어가 서툴다면 매우 난감할 수 있으므로, 근처 대사관을 통해 도움을 요청하는 것이 좋습니다.

주세르비아 대한민국 대사관 : +381-11-3674-225

경찰 : 192　　　　앰뷸런스 : 194　　　　교통사고 : 1987　　　　화재 신고 : 193

 **지식 플러스**

세르비아의 관공서에는 라티니짜보다 치릴리짜로 쓰여 있는 경우가 많고 관공서에서 발급하는 문서 등도 모두 치릴리짜를 사용하는 경우가 많습니다. 관공서 내에는 영어를 할 줄 아는 사람이 극히 적은 것이 일반적이며, 수도인 베오그라드에서도 상황은 비슷합니다.

항공사 카운터 이용하기

🎧 02-45

항공권 발급 후 세르비아 공항에서 카운터 이용 시 생기는 문제 해결을 위해 변경 및 요청과 관련된 표현을 미리 익혀 두는 것이 좋습니다. 'Imam problem sa ~.((저는) ~에 문제가 있어요.)'를 활용하여 다양한 표현을 익혀 보세요.

핵심 표현

이맘　　　쁘로블렘　　　싸　　　까르똠

Imam problem sa kartom.

(저는) 티켓에 문제가 있어요.

단어를 바꿔서 표현해 보세요.

전치사 sa 뒤에 명사가 올 때는 도구격을 활용합니다.

뜻	주격	도구격
정보	informacija [인쁘르마찌야]	inofrmacijom [인쁘르마찌욤]
비행기	avion [아비온]	avionom [아비오놈]
여행	putovanje [뿌또바녜]	putovanjem [뿌또바녬]

단어

problem [쁘로블렘] 문제
sa [싸] ~와 함께
kartom [까르똠] 티켓으로
(karta의 도구격)

꼴리꼬　　뜨라예　　뿌또바녜

Koliko traje putovanje?

여행이 얼마나 걸리나요?

쮈림　　다　　쁘로메님　　까르뚜

Želim da promenim kartu.

(저는) 티켓을 바꾸고 싶습니다.

쮈림　　다　　오뜨까쥄　　까르뚜

Želim da otkažem kartu.

(저는) 티켓을 취소하고 싶습니다.

다　리　이마떼　　디렉딴　　레뜨

Da li imate direktan let?

(당신은) 직항 있나요?

 엿보기 단어

traje [뜨라예] ~이 걸리다
promenim [쁘로메님] (내가) 바꾸다
otkažem [오뜨까쥄] (내가) 취소하다

direktan [디렉딴] 직접적인
let [레뜨] 항공, 비행

(저는) 티켓에 문제가 있어요.

Imam problem sa .

여행이 얼마나 걸리나요?

Koliko ?

(저는) 티켓을 바꾸고 싶습니다.

Želim da **kartu.**

(저는) 티켓을 취소하고 싶습니다.

Želim da **kartu.**

(당신은) 직항 있나요?

Da li imate ?

니콜라 테슬라 공항

베오그라드의 니콜라 테슬라 공항

세르비아의 화폐 100 din.

세르비아 베오그라드에 위치한 공항의 이름은 '니콜라 테슬라 공항(Aerodrom Nikola Tesla Beograd, Аеродром Никола Тесла Београд [아에로드롬 니꼴라 떼쓸라 베오그라드])' 입니다. 교류 전기의 선구자이자 전기 기술의 혁명가이며, 최초로 교류 발전과 통신 기술 등 현대 전기 공학의 근간을 제시한 '니콜라 테슬라'는 세르비아인들에게 민족 영웅입니다. 이를 반영하듯, 세르비아 공항의 이름도 니콜라 테슬라이며 세르비아 화폐 100 din.에도 니콜라 테슬라가 그려져 있습니다. 니콜라 테슬라가 태어난 시기는 오스트리아─헝가리 제국 시기이며 현재의 크로아티아 지역에서 태어났습니다. 그 이후 바로 미국으로 이민을 갔지만, 세르비아 정교회 집안에서 태어났다는 것을 근거로 세르비아인들은 니콜라 테슬라가 세르비아인이라고 주장하고 있습니다. 그러나 크로아티아에서는 현재의 크로아티아 지역에서 태어났기 때문에 크로아티아인이라고 주장하고 있어 국가 간 논란은 지속되고 있습니다.

지식 플러스

세르비아 베오그라드에는 '니콜라 테슬라 박물관(Muzej Nikole Tesle, Музеj Николе Тесле [무제이 니꼴레 떼쓸레])'이 있으며, 이곳에 니콜라 테슬라의 유품과 유골이 보관되어 있습니다.

공항 이용하기

🎧 02-47

해외여행 시 필수로 이용하는 공항에서 필요한 어휘와 표현들을 미리 익혀 두면 편안한 여행이 될 수 있습니다. '~가 어디에 있나요?'라는 뜻의 관용표현인 'Gde je ~'를 활용하여 다양한 표현을 할 수 있습니다.

★★★★★
핵심 표현

그데 예 샬떼르 자 췌끼라녜

Gde je šalter za čekiranje?

체크인 카운터가 어디에 있나요?

단어를 바꿔서 표현해 보세요.

Duty-Free [듀띠 쁘리] 면세점

avionska kompanija [아비온쓰까 꼼빠니야] 항공사

dolazna sala [돌라즈나 쌀라] 도착 라운지

smeštaj prtljaga [쓰메슈따이 쁘르뜰랴가] 수하물 찾는 곳

단어

šalter [샬떼르] 카운터

Tip '체크인'을 뜻하는 단어는 prijavljivanje [쁘리야블리야바녜]입니다. 그러나 현지인들은 영어 Check-in에서 온 단어인 čekiranje [췌끼라녜]를 더 자주 사용합니다.

까다　아비온　쓸레체
Kada avion sleće?

비행기가 언제 착륙하나요?

다 리 쎄　쁠라챠　쁘르뜰랴그
Da li se plaća prtljag?

수하물에 요금 부과되나요?

오보 예 모이　빠쏘슈
Ovo je moj pasoš.

이것은 제 여권입니다.

이즈구비오　이즈구빌라　쌈　쁘르뜰랴그
Izgubio/Izgubila sam prtljag.

(저는) 수하물을 잃어버렸습니다.

 엿보기 단어

avion [아비온] 비행기
sleće [쓸레체] 착륙하다
plaća se [쁠라챠 쎄] 요금이 부과되다
pasoš [빠쏘슈] 여권

izgubio/izgubila sam [이즈구비오/이즈구빌라 쌈]
m./f. (내가) 무언가를 잃어버렸다.
prtljag [쁘르뜰랴그] 수하물

체크인 카운터가 어디에 있나요?

Gde je   **?**

비행기가 언제 착륙하나요?

Kada avion   **?**

수하물에 요금 부과되나요?

Da li   **prtljag?**

이것은 제 여권입니다.

Ovo je moj   **.**

(저는) 수하물을 잃어버렸습니다.

                prtljag.

✎ 말하는 이의 성별에 맞게 넣어 보세요.

세르비아 공항에서 택시 이용하기

베오그라드 공항 출국장 앞의 'TAXI INFO'

세르비아 베오그라드 공항의 출국장에서 나오면 'TAXI INFO'라고 쓰여있는 안내 데스크에서 택시 예약을 도와주고 있습니다. 이곳에서 목적지를 말하면, 목적지와 요금이 적힌 종이 카드를 줍니다. 받은 종이 카드를 택시 기사에게 건네주면 적힌 요금대로 목적지에 데려다줍니다. 최근 공항 주변 택시들의 바가지요금이 큰 문제가 되고 있으므로 공항 택시를 이용할 때는 'TAXI INFO'라고 적혀 있는 안내 데스크 이용을 권장합니다. 또한, 택시에서 분실물이 발생할 경우에는 되찾을 수 있는 확률이 매우 낮으므로 분실되지 않도록 물품 관리에도 주의하세요.

꼴리꼬 꼬슈따 도 그라다
Koliko košta do grada?

✎ '도시(grad)'는 문맥에 따라
'시내'라는 의미를 가지기도 합니다.

시내까지 가는데 얼마인가요?

 **지식 플러스**

세르비아 공항에서 세르비아 시내까지의 택시 요금은 약 2.500 din.(한화: 약 3만 원)가 정상적인 요금입니다.

– 이미지 출처 –

223p.   https://en.wikipedia.org/wiki/